Saul · Führen durch Kommunikation

Konzept und Beratung des Programms Beltz Weiterbildung:

Prof. Dr. Karlheinz A. Geißler, Schlechinger Weg 13, 81669 München.
Prof. Dr. Bernd Weidenmann, Weidmoosweg 5, 83626 Mitterdarching.

Siegmar Saul

Führen durch Kommunikation

Gespräche mit Mitarbeiterinnen und Mitarbeitern

Beltz Verlag · Weinheim und Basel

Über den Autor:

Siegmar Saul, Jg. 1931, arbeitet seit über 20 Jahren als Kommunikationstrainer und ist seit 1971 Mitarbeiter der Akademie für Führungskräfte der Deutschen Bundespost Telekom.

Die Deutsche Bibliothek – CIP-Einheitsaufnahme

Saul, Siegmar:
Führen durch Kommunikation : Gespräche mit
Mitarbeiterinnen und Mitarbeitern / Siegmar Saul. –
Weinheim ; Basel : Beltz, 1993
    (Beltz Weiterbildung : Training)
    ISBN 3-407-36307-9

Lektorat: Ingeborg Strobel

© 1993 Beltz Verlag · Weinheim und Basel
Herstellung: Klaus Kaltenberg
Satz (DTP): Satz- und Reprotechnik GmbH, Hemsbach
Druck: Druckhaus Beltz, Hemsbach
Umschlaggestaltung: Bernhard Zerwann, Bad Dürkheim
Printed in Germany

ISBN 3-407-36307-9

Inhaltsverzeichnis

Vorwort

Siegmar Saul ist mir seit vielen Jahren bekannt und hat auch bei der Adolf Würth GmbH & Co. KG sehr erfolgreiche Führungsseminare durchgeführt, nicht zuletzt aufgrund seiner lebendigen Vortragsart, seines Esprits und Mutterwitzes.

In dem hier vorgestellten Werk »Führen durch Kommunikation« wird der wesentlichste Teil erfolgreicher Menschenführung, nämlich das Gespräch mit Mitarbeiterinnen und Mitarbeitern systematisiert und aus dem Feld selbstverständlicher Tagesroutine herausgenommen: Der geneigte Leser und Vorgesetzte wird beim Lesen dieses interessanten Buches viele Aha-Erlebnisse haben, einfach deshalb, weil Ursachen erfolgreicher Gesprächsführung und Auswirkung ehrlichen Agierens in die dem Praktiker oft nicht so gegenwärtigen Zusammenhänge der Führungspsychologie gestellt werden.

Für den Anwender dieser Schrift ist besonders wertvoll, daß Saul eine sehr direkte Sprache führt, die auf Fremdworte und bombastische Leerformeln komplett verzichtet.

Die vielleicht wichtigste Erkenntnis des Autors zieht sich wie ein roter Faden durch das Werk: Kommunikation und Gesprächsführung mit anvertrauten Mitarbeiterinnen und Mitarbeitern lassen sich nur erfolgreich realisieren, wenn Verhaltensweise, Gesprächsinhalt und Habitus des Vorgesetzten mit seiner inneren Einstellung hundertprozentig übereinstimmen. Berechenbarkeit, Geradlinigkeit und Vorbildhaftigkeit des Vorgesetzten arbeitet Siegmar Saul als Erfolgsrezept deutlich heraus. Ich kann den Autor aus meiner 44jährigen Berufserfahrung beim Aufbau der Würth Gruppe (Umsatz 1993 mehr als 3 Milliarden DM, 12.600 Beschäftigte) nur bestärken.

Der Autor hütet sich, alleingültige Patentrezepte anzubieten, dies wäre auch nicht sinnvoll, einfach deshalb, weil jeder einzelne Mensch einen unverwechselbaren Kosmos in sich darstellt; Denkkategorien, Charaktereigenschaften und den einzelnen bestimmte Motivatoren sind so vielschichtig und volatil, daß Führung durch Kommunikation immer auch von Sensitivität, Intuition, Einfühlungsvermögen und Menschenkenntnis leben wird.

Der erfolgreiche Vorgesetzte kann nichts Besseres tun, als dem Vorschlag des Autors zu folgen, sich Zeit für die Mitarbeiter zu nehmen (2.3), die Gesprächsführung echt und ohne Fassade durchzuführen (2.4.1).

Der vom Autor mehrmals verwendete Ausdruck »Pygmalioneffekt« bedürfte der Erklärung für den nicht mit der griechischen Mythologie vertrauten Leser:

Erst mit dem Wissen, daß Aphrodite das Flehen eines ursprünglich dem Zölibat verpflichteten Bildhauers, einer von ihm geschaffenen idealisierten Frauenstatue aus Elfenbein Leben einzuhauchen, erhörte, stellt jene von Ovid erzählte Geschichte den Bezug zum Text her: Formalismus ist notwendig, erst das offen gezeigte Vertrauen zu den Mitarbeitern bringt Motivationseffekt.

Besonders wertvoll ist für den Leser die von Saul immer wieder herausgestellte Tatsache, daß bei Kommunikation und Mitarbeitergesprächen nicht wichtig ist, was vom Vorgesetzten gesagt wurde, einzig und allein zählt, was subjektiv verstanden wurde und angekommen ist. Rückfragen und Bestätigen sind wichtige Ansätze, Informations-Soll und Informations-Ist in Übereinstimmung zu bringen.

Wie recht hat der Schreiber mit seinem Hemingway-Zitat: »Um sprechen zu lernen, braucht der Mensch drei Jahre; um schweigen zu lernen, fünfzig.« Der erfolgreiche Kommunikator kann zuhören (3.3, Praxistip Seite 44).

Von der großen Praxiserfahrung des Autors zeugt sein vielfacher Hinweis, wie unendlich wichtig für den Erfolg erfolgreicher Mitarbeitergespräche der Faktor Zeit ist − »nehmen Sie sich Zeit« (Seite 59) ist mit Sicherheit das Geheimnis des Berufserfolgs erfolgreicher Vorgesetzter und Trainer.

Den Vorschlag, die Kommunikation mit den Mitarbeitern in »kleine Mitarbeitergespräche« und »große Mitarbeitergespräche« zu differenzieren, finde ich sehr hilfreich.

Saul fährt ganz eindeutig in diesem Buch nicht die »weiche Welle«, des antiautoritären Laisser-faire. Faire Kritik wird als notwendiges Führungsmittel (Seite 67/68) nicht nur anerkannt, sondern geradezu empfohlen. In ein Umfeld der Objektivität, der Geradlinigkeit und der Ehrlichkeit gehört ganz selbstverständlich, daß Schönfärberei und Beschwichtigung fehlerhafter Sachverhalte unterbleiben.

Leider läßt der Autor bei seinen Vorschlägen zur Durchführung der großen Mitarbeitergespräche die letzte Konsequenz vermissen, indem er auch im Anhang (Fragebögen) auf einen Abschnitt »Schriftliche Dokumentation der Gesprächsergebnisse« verzichtet. Meine jahrzehntelange Erfahrung zeigt, wie unendlich wichtig nicht nur für Dokumentationszwecke, sondern auch zum Soll/Ist-Vergleich beim nächsten großen Personalgespräch die Protokolle früherer Unterredungen sind. Selbstverständlich müßte der Gesprächspartner eine Protokollausfertigung innerhalb kurzer Frist nach Beendigung des Gesprächs zur Verfügung gestellt erhalten.

Alles in allem: Aus der Praxis für die Praxis ein sehr lesenswertes Buch mit einer Fülle sofort verwendbarer Vorschläge, Empfehlungen und Hinweise.

Ich wünsche dem Buch eine weite Verbreitung.

Reinhold Würth

Einleitung

Als Führungskraft ist Ihnen klar, daß Mitarbeitergespräche ein unentbehrliches Führungsinstrument sind und kaum Situationen denkbar sind, die ohne Gesprächskontakt verlaufen.

In Gesprächen mit Ihren Mitarbeitern können Sie

loben
anspornen
motivieren
korrigieren
koordinieren
Probleme lösen
Aufträge erteilen

Führungskräfte müssen ihr Verhalten ständig unterschiedlichen Personen, unterschiedlichen Situationen und unterschiedlichen Zielen anpassen. Das sehen wir zwar als selbstverständliches Geschehen an, nur selten aber wird uns bewußt, daß zwischenmenschliche Kontakte sehr kompliziert ablaufen. So sind viele unterschiedliche Verhaltensweisen erforderlich, um einen Mitarbeiter[*], einen Kollegen oder einen Vorgesetzten zu begrüßen.

In Mitarbeitergesprächen werden nicht nur betriebliche Angelegenheiten geregelt; hier gestalten Führungskräfte ihre Beziehung zu jedem ihrer Mitarbeiter. Dieser Aspekt der Gesprächsführung wirkt sich besonders stark auf das Betriebsklima, die betrieblichen Normen und die Unternehmenskultur aus.

---

[*] Unabhängig von der männlichen Sprachform sind stets beide Geschlechter gemeint.

Die moderne Arbeitswelt, der Markt und die nach mehr Selbständigkeit strebenden Mitarbeiter stellen immer höhere Anforderungen an die Gesprächsfähigkeit jedes Vorgesetzten: Es wird immer schwieriger, die einzelnen Mitarbeiter immer wieder neu für die Unternehmensziele zu gewinnen.

Dieses Buch will Ihnen helfen, das eigene Verhalten in Mitarbeitergesprächen bewußt zu kontrollieren und die eigenen Kenntnisse und Erfahrungen der Gesprächsführung durch bewährte Empfehlungen und praxisnahe Tips weiterzuentwickeln.

Gesprächsfähigkeit ist weder eine Kunst noch eine Veranlagung, die einem in die Wiege gelegt wird. Daher ist jede Führungskraft imstande, ihre Gesprächsfähigkeit zu verbessern.

Auf dem Weg ins Jahr 2000 werden vor allem die Führungskräfte Erfolg haben, die mit ihren Mitarbeitern so sprechen, daß sie Bestleistungen erbringen: Vorgesetzte werden zu Kommunikationsmanagern.

Geschickt geführte Mitarbeitergespräche geben den Mitarbeitern mehr Befriedigung bei ihrer Arbeit und verbessern die Lebensqualität im betrieblichen Alltag. Solche Mitarbeitergespräche wirken sich positiv auf die Leistungsbereitschaft der Mitarbeiter aus. Davon wiederum profitiert das Unternehmen.

Geschickt geführte Mitarbeitergespräche zahlen sich natürlich auch für Sie selbst aus: Zum einen gewinnen Sie aus den positiven Folgen Ihrer Mitarbeitergespräche selbst viel Befriedigung, zum anderen erlangen Sie mehr Anerkennung und Ansehen.

1. Grundlegung

Dieses Kapitel liefert einen ersten Überblick über Inhalt, Intentionen und Struktur dieses Buches:

1.1	Was Sie zuerst lesen sollten
1.2	Der Inhalt auf einen Blick
1.3	Was bildet die inhaltliche Basis dieses Buches?
1.4	Welche Mitarbeitergespräche behandelt dieses Buch?

1.1 Was Sie zuerst lesen sollten

Diese Veröffentlichung ist ein Arbeitsbuch. Es enthält vorwiegend Handlungsempfehlungen und Praxistips. Die Theorie wird immer dann behandelt, wenn es zum Verständnis der praxisorientierten Ausführungen erforderlich erscheint.

Führungskräfte haben wenig Zeit, daher ist dieses Buch auf das Wesentliche konzentriert.

Damit Sie einen möglichst großen Gewinn aus diesem Buch ziehen können, enthält es unter anderem folgende Hilfen:

(1) Sie können sich einzelne Kapitel ohne Rücksicht auf die Reihenfolge herausgreifen.

(2) Sie können sich gezielt auf aktuelle Mitarbeitergespräche vorbereiten.

(3) Sie können dieses Buch auch als Nachschlagewerk und ständigen Ratgeber benutzen, wobei Ihnen zusätzliche Übersichten und ein Stichwortverzeichnis einen schnellen Zugriff erleichtern.

(4) Die Zusammenstellungen und Checklisten bieten Ihnen viele Anregungen und Hilfen für aktuelle Mitarbeitergespräche.

(5) Sie können ein individuelles Trainingsprogramm entwickeln. In Kapitel 9 finden Sie zahlreiche Anregungen für Ihr Selbststudium.

Die Empfehlungen

| Dieses Buch ist ein Lernangebot. |

Die Empfehlungen zur Durchführung von Mitarbeitergesprächen bestehen vorwiegend aus allgemeinen Kommunikationstechniken, die sich seit Jahren in den unterschiedlichsten Mitarbeitergesprächen bewährt haben. Darin liegt ein großer Vorteil: Viele Hinweise können Sie in anderen Kommunikationssituationen anwenden; beispielsweise für Gespräche mit dem Vorgesetzten und mit Kunden sowie für Verhandlungen, Besprechungen und nicht zuletzt im privaten Bereich.

Damit trägt es der wichtigen Erkenntnis Rechnung, daß wir nur dann erfolgreich kommunizieren können, wenn wir uns sowohl situationsgerecht als auch wesensgemäß verhalten. Folglich können auch nur Sie allein entscheiden, welche Empfehlungen, Anregungen und Tips dieses Buches für Sie nützlich sind.

Das ist auch der Grund, weshalb es keine Patentrezepte geben kann, und keiner kann sagen, wie das Idealverhalten einer Führungskraft beim Mitarbeitergespräch aussieht.

Mimik, Gestik, Körpersprache

Ein Gespräch führen, heißt nicht nur sprechen. Immer werden Gespräche von nichtsprachlichen Signalen begleitet. Da jedoch der nichtsprachliche Code schwer zu entschlüsseln ist und weil nichtsprachliche Signale vorwiegend unbewußt gesendet werden, können Empfehlungen für Mimik, Gestik und Körpersprache in diesem Buch nicht ausführlich angeboten werden.

Wichtige Ausführungen zur nichtsprachlichen Kommunikation finden Sie im Grundlagenteil dieses Buches (s. Kap. 8).

Lesehinweis

Im Kapitel 9.1 sind Empfehlungen für ein effektives Lesen dieses Buches zusammengestellt, die Ihnen die Arbeit mit diesem Buch erleichtern.

1.2 Der Inhalt auf einen Blick

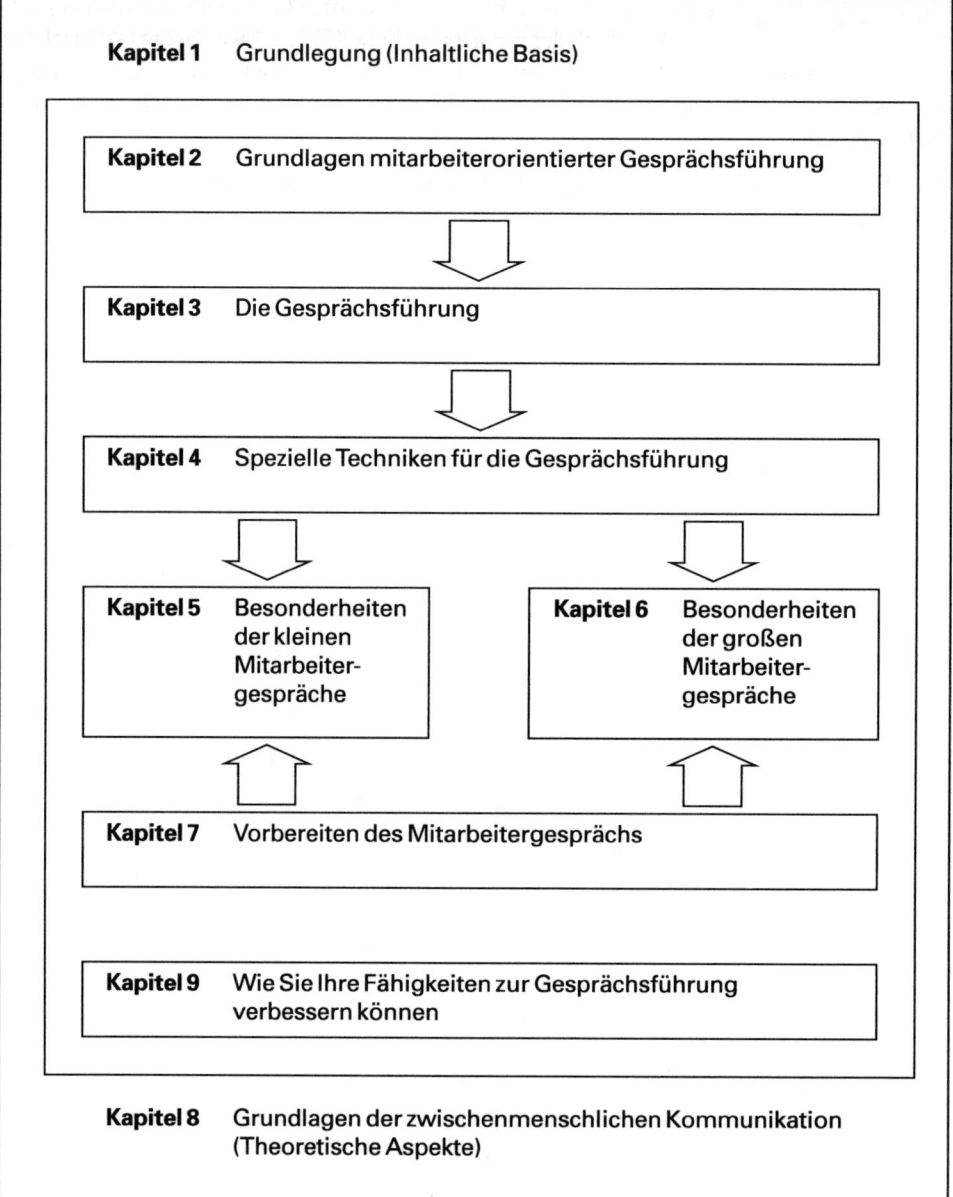

1.3 Was bildet die inhaltliche Basis dieses Buches?

Die inhaltliche Basis dieses Buches bilden der erste Leitsatz, Grundannahmen zum Verhalten von Führungskräften sowie ein Kommunikationsmodell.

Der erste Leitsatz

Erster Leitsatz

Schenken Sie Ihrem Mitarbeiter im Gespräch mindestens so viel Aufmerksamkeit wie dem Gesprächsgegenstand.

Wenn Sie diesen Leitsatz in Ihren Mitarbeitergesprächen umsetzen, werden sich zusätzliche positive Wirkungen einstellen, beispielsweise

– steigern Sie die Motivation Ihres Mitarbeiters,
– beugen Sie Konflikten vor und
– leisten einen Beitrag zur Mitarbeiterentwicklung und damit auch zur Organisationsentwicklung.

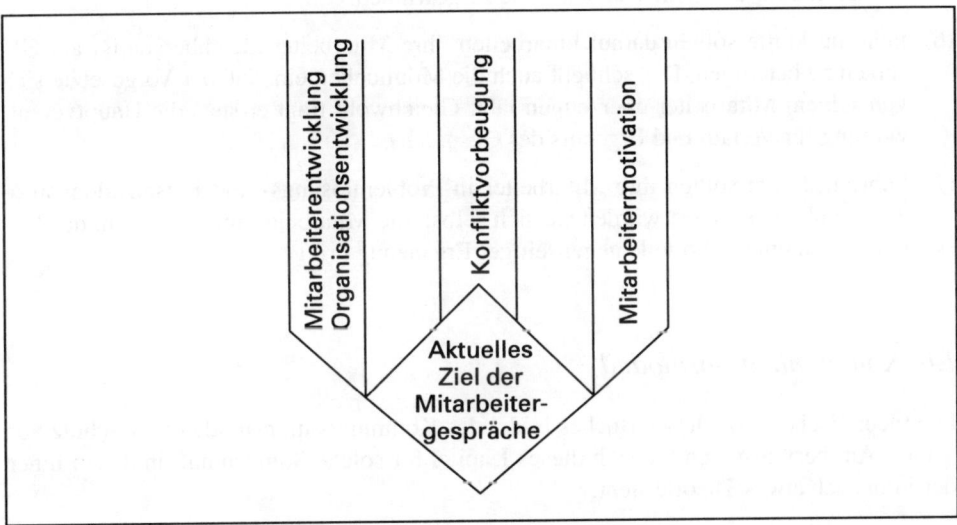

Wirkungsebenen mitarbeiterorientierter Gesprächsführung

Grundannahmen zum Verhalten von Führungskräften

Der Inhalt dieses Buches stützt sich auf Grundannahmen, die sich in der Führungspraxis bewährt haben und dem aktuellen Stand der Führungsforschung entsprechen.

(1) Führungskräfte gelten als Vorbilder und sollten sich daher so verhalten, wie sie es von ihren Mitarbeitern erwarten. Vorbild-Verhalten bietet die Chance, den Mitarbeiter ohne direkte Einflußnahme auf die Unternehmensziele zu lenken: »Der Vorgesetzte kann nicht nicht beeinflussen« oder »Das Verhalten des Mitarbeiters ist eine Antwort auf das Verhalten des Vorgesetzten.« (Crisand 1991)

(2) Führungskräfte sollten über ihre persönliche Autorität führen und weniger mit hierarchischer Macht. Persönliche Autorität gestattet es, Einfluß auf den Mitarbeiter zu nehmen, ohne sich auf formale Autorität zu berufen.

(3) Führungskräfte sollten um ein Kommunikationsverhalten bemüht sein, das von Partnerschaft, Respekt und Vertrauen in die Fähigkeit der Mitarbeiter bestimmt ist .

(4) Mitarbeiter sollten überzeugt und nicht überredet werden. Es sollten keine Befehle erteilt werden.

(5) Führungskräfte sollten imstande sein, ihre Mitarbeiter zu begeistern und sie immer wieder neu für die gemeinsamen Ziele zu gewinnen.

(6) Führungskräfte sollten darauf hinarbeiten, ihre Mitarbeiter gleichberechtigt am Gespräch zu beteiligen. Das schließt auch die Möglichkeit ein, daß der Vorgesetzte sich von seinem Mitarbeiter überzeugen läßt. Gleichwohl trägt er stets die Hauptverantwortung für Verlauf und Ergebnis des Gesprächs.

(7) Führungskräfte sollten ihre Mitarbeiter in Problemlösungs- und Entscheidungsprozesse einbinden. Sonst würden sie sich selbst, die Mitarbeiter und vor allem das Unternehmen um die Vorteile gegenseitiger Ergänzung bringen.

> **Was Führungskräfte durch ihr Führungsverhalten bei ihren Mitarbeitern säen, werden ie in deren Leistungen und Verhalten ernten**

Ein Kommunikationsmodell

Die theoretische Basis dieses Buches bildet das Kommunikationsmodell von Schulz von Thun[*]. Am besten sparen Sie sich dieses Kapitel für solche Stunden auf, in denen Ihnen der Sinn nach etwas Theorie steht.

---

* Genauere Angaben finden Sie im Literaturverzeichnis.

1.4 Welche Mitarbeitergespräche behandelt dieses Buch?

Dieses Buch gibt eine Grundlage für alle Mitarbeitergespräche, weil es mitarbeiterorientierte Techniken der Gesprächsführung darstellt, die grundsätzlich für alle Mitarbeitergespräche gelten.

Zum besseren Überblick sind die unterschiedlichen Gesprächskontakte des Vorgesetzten mit dem Mitarbeiter unterteilt in *kleine Mitarbeitergespräche* und in *große Mitarbeitergespräche.*

Merkmale der Mitarbeitergespräche	
Kleine Mitarbeitergespräche	**Große Mitarbeitergespräche**
– Sie werden vorwiegend für Routineangelegenheiten eingesetzt.	– Sie werden in besonderen Führungssituationen eingesetzt.
– Sie werden in erster Linie spontan geführt.	– Sie werden im Regelfall nicht spontan geführt.
– Sie finden häufig am Arbeitsplatz des Mitarbeiters statt.	– Sie finden meistens im Büro des Vorgesetzten statt.
– Sie sind von kurzer Dauer.	– Sie sind von längerer Dauer.
– Sie sind nicht formalisiert.	– Sie sind weitgehend formalisiert und stehen für bestimmte formelle Anlässe.

Auch im Anwendungsbereich unterscheiden sich die kleinen von den großen Mitarbeitergesprächen:

Gesprächsform	Anwendungsbereich
Kleine Mitarbeitergespräche	Betrieblicher Alltag: Allgemeine Führungssituationen
Große Mitarbeitergespräche	Besondere Führungssituationen

Für eine Auswahl von großen Mitarbeitergesprächen liefert Ihnen dieses Buch als besonderes Hilfsmittel »Gesprächsphasenkonzepte«, die Ihnen das Vorbereiten und Durchführen Ihrer Gespräche wesentlich erleichtern.

2. Grundlagen mitarbeiterorientierter Gesprächsführung

In diesem Kapitel wird beschrieben, mit welchen wesentlichen *Prinzipien* der Gesprächsführung der erste Leitsatz dieses Buches »Schenken Sie Ihrem Mitarbeiter im Gespräch mindestens so viel Aufmerksamkeit wie dem Gesprächsgegenstand« realisiert werden kann. Die *Verhaltensweisen und Techniken*, mit denen dieses Prinzip erfolgreich angewandt werden kann, finden Sie in den folgenden Kapiteln.

2.1	Zweispurige Gesprächsführung = mitarbeiterorientierte Gesprächsführung – Was bedeutet »zweispurige Gesprächsführung«? – Was bedeutet »mitarbeiterorientierte Gesprächsführung«?
2.2	Die Erwartungen des Mitarbeiters – Welche Erwartungen des Mitarbeiters sollten Führungskräfte im Gespräch berücksichtigen?
2.3	Nehmen Sie sich Zeit für Ihren Mitarbeiter
2.4	Gefühle gehören zu jedem Mitarbeitergespräch
2.4.1	Zeigen Sie Ihre Gefühle – Welche Vorteile bringt dieses Gesprächsverhalten?
2.4.2	Sprechen Sie Gefühle Ihres Mitarbeiters an – Welche Vorteile bringt Ihnen dieses Gesprächsverhalten?
2.5	Räumen Sie Ihrem Mitarbeiter einen angemessenen Gesprächsanteil ein – Wie groß soll der Gesprächsanteil Ihres Mitarbeiters sein?
2.6	Welche Vorteile hat eine mitarbeiterorientierte Gesprächsführung? – Auswirkungen auf das aktuelle Mitarbeitergespräch – Auswirkungen auf Ihren Mitarbeiter – Auswirkungen auf die »Vorgesetzten-Mitarbeiter-Beziehung«
2.7	Nutzen Sie den Pygmalion-Effekt – Zeigen Sie Ihrem Mitarbeiter Ihr Vertrauen in seine Leistungsfähigkeit – Fordern Sie Ihren Mitarbeiter zu hohen Leistungen heraus – Schaffen Sie ein angstfreies Klima

2.1 Zweispurige Gesprächsführung = mitarbeiterorientierte Gesprächsführung

Was bedeutet »zweispurige Gesprächsführung«?

Mitarbeitergespräche haben zwei Hauptfunktionen, nämlich dem Mitarbeiter Informationen zu übermitteln, die er für seine Aufgabenerfüllung benötigt sowie zwischenmenschliche Kontakte mit dem Mitarbeiter zu pflegen und dessen Erwartungen zu berücksichtigen.

Diese zwei Hauptfunktionen können Führungskräfte durch eine zweispurige Gesprächsführung wahrnehmen. Dabei sollten sie sich bemühen, beiden Funktionen die gleiche Aufmerksamkeit zu schenken.

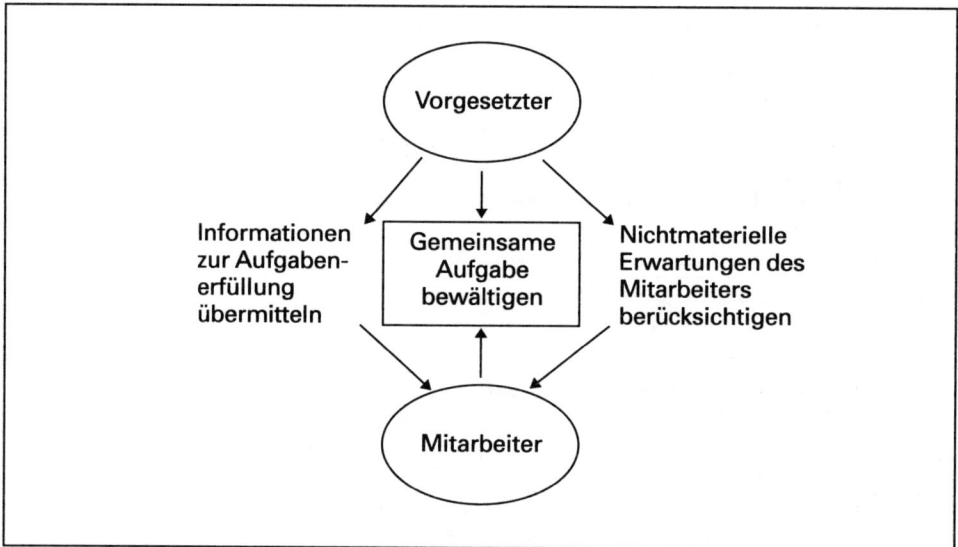

Die Hauptfunktionen des Mitarbeitergesprächs

Für diese zwei Spuren der Gesprächsführung haben sich die Begriffe *»Aufgabenorientierung«* und *»Mitarbeiterorientierung«* herausgebildet. Beide fließen im Gespräch ineinander; in diesem Buch werden sie jedoch aus analytischen Gründen getrennt behandelt.

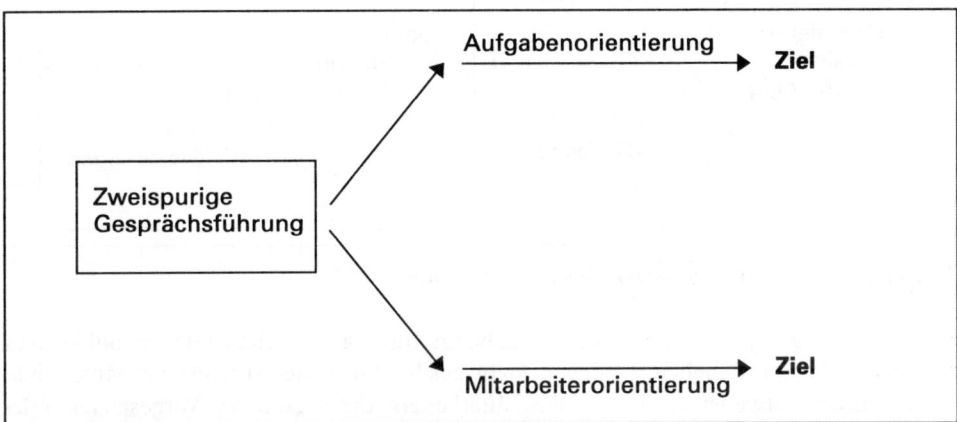

Zweispurige Gesprächsführung

Was bedeutet »mitarbeiterorientierte Gesprächsführung«?

Versuchen Sie, Ihre Beiträge so zu formulieren, daß sie sachdienlich und zielorientiert sind und gleichzeitig dazu beitragen, Erwartungen Ihres Mitarbeiters zu berücksichtigen:

(1) Kleiden Sie die Inhalte Ihrer sachdienlichen und zielgerichteten Beiträge in mitarbeiterorientierte Formulierungen.

(2) Setzen Sie solche Techniken der Gesprächsführung ein, die von Ihrem Mitarbeiter als mitarbeiterorientiert erlebt werden.

Daraus ergibt sich, daß nicht nur der Inhalt, sondern auch dessen Formulierung wichtig ist. Hieraus läßt sich der zweite Leitsatz dieses Buches ableiten:

> Zweiter Leitsatz
> **Achten Sie gleichrangig darauf, WAS Sie sagen und WIE Sie es sagen.**

Die Leitsätze mitarbeiterorientierter Gesprächsführung lassen sich wie im Schaubild auf Seite 22 zusammenfassen.

21

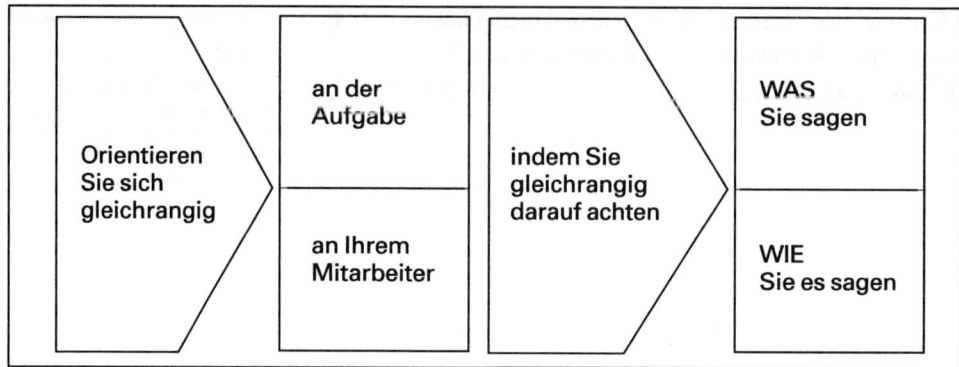

Leitsätze mitarbeiterorientierter Gesprächsführung

Mitarbeiterorientierung ist nicht vom Gesprächsgegenstand abhängig.

Im Mitarbeitergespräch soll zwar die Aufgabe im Mittelpunkt stehen. Gleichwohl kann es Gesprächssituationen geben, in denen nicht ausdrücklich die Aufgabe im Mittelpunkt steht, sondern entweder die Person des Mitarbeiters, die Person des Vorgesetzten, oder beide Gesprächspartner gleichzeitig. Das ist dann der Fall, wenn der Vorgesetzte mit seinem Mitarbeiter nicht über den Gesprächsgegenstand, sondern über den Gesprächsverlauf spricht; beispielsweise mit folgender Fragestellung: *Wie gehen wir miteinander um? Weshalb bewegen wir uns ständig im Kreis?* Diese kurzen Phasen innerhalb eines Gesprächs, in denen der Gesprächsverlauf erörtert und reflektiert wird, sind bewährte Mittel, das Gesprächsklima zu verbessern.

Sie sollten immer versuchen, die drei Elemente jedes Mitarbeitergesprächs situationsgerecht auszubalancieren, damit es erfolgreich wird.

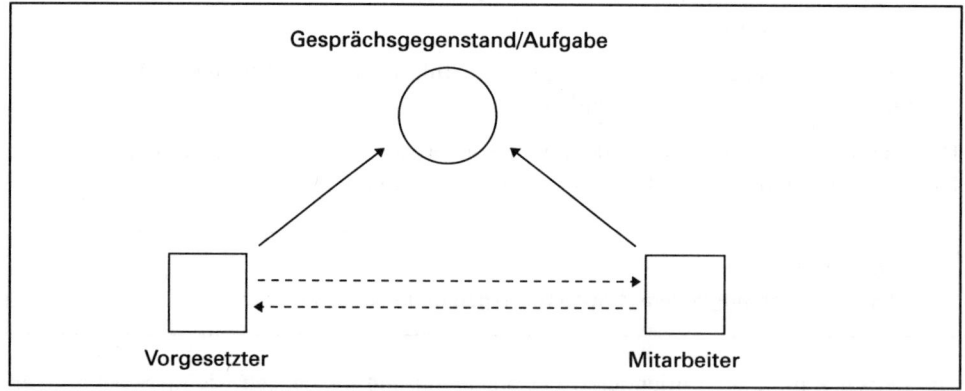

Die Balance im Mitarbeitergespräch

22

2.2 Die Erwartungen des Mitarbeiters

In jedem Mitarbeitergespräch ist das Verhalten des Mitarbeiters nur zu einem Teil auf den Gesprächsgegenstand bzw. die Aufgabe und den Vorgesetzten gerichtet. Der Mitarbeiter achtet nämlich auch darauf, inwieweit der Vorgesetzte seine Wünsche, Bedürfnisse, Interessen, kurz: seine Erwartungen berücksichtigt. Das kann dieser jedoch nur dann, wenn er weiß, welche Erwartungen sein Mitarbeiter in das Gespräch mitbringt. Diese Erwartungen sind nicht nur in der Gedankenwelt des Mitarbeiters zu finden, sondern wirken sich immer auf Verlauf und Ergebnis des Mitarbeitergesprächs aus. Die Erwartungen des Mitarbeiters können sich dabei auf materielle und auf nichtmaterielle Aspekte beziehen.

Welche Erwartungen des Mitarbeiters sollten Führungskräfte im Gespräch berücksichtigen?

Im Mitarbeitergespräch sollten Führungskräfte Erwartungen berücksichtigen, die sich auf nichtmaterielle Aspekte beziehen. Erwartungen, die sich auf materielle Aspekte beziehen, können im allgemeinen nicht im Mitarbeitergespräch beachtet werden. Denn diese Erwartungen betreffen insbesondere Rahmenbedingungen des Beschäftigungsverhältnisses wie Gehaltserhöhung, Aufstieg, Wochenarbeitszeit, täglichen Arbeitsbeginn. Um diese Erwartungen zu berücksichtigen, bedarf es besonderer personeller und/oder organisatorischer Maßnahmen.

Die nichtmateriellen Erwartungen können allgemeiner oder individueller Art sein:

(1) **Erwartungen allgemeiner Art**

Um welche Erwartungen des Mitarbeiters es sich dabei handelt, haben Wissenschaftler und Praktiker herausgefunden und in vielen Publikationen dargestellt.

Ich stelle hier eine »repräsentative« Auswahl vor, die ich in zwei Gruppen gebündelt habe:

– Erwartungen des Mitarbeiters, die vorwiegend sein Selbstwertgefühl betreffen und
– Erwartungen des Mitarbeiters, die in erster Linie seine Arbeitsleistung betreffen.

Erwartungen, die das Selbstwertgefühl betreffen:

– Der Mitarbeiter erwartet, daß der Vorgesetzte die ungeschriebenen Regeln des Takts beachtet.
– Er möchte freundlich behandelt werden.
– Er möchte gerecht behandelt werden.

23

– Er möchte als Persönlichkeit, als Individuum akzeptiert werden.
– Er erwartet, daß der Vorgesetzte seine begründeten Aussagen akzeptiert.
– Er möchte Anerkennung finden.

> **Der Mitarbeiter erwartet, daß der Vorgesetzte ihm Wertschätzung entgegenbringt**

Erwartungen, die die Arbeitsleistung betreffen:

– Der Mitarbeiter möchte angemessen am Gespräch beteiligt werden.
– Er möchte spüren, wie wichtig er für das Unternehmen ist, und wie sehr er gebraucht wird.
– Er möchte seine Fähigkeiten, Kenntnisse und Erfahrungen zeigen dürfen.
– Er möchte genau wissen, welches Verhalten und welche Leistungen der Vorgesetzte von ihm erwartet.
– Er möchte erfahren, wie der Vorgesetzte seine Leistungen und sein Verhalten einschätzt.

(2) **Erwartungen individueller Art**

Diese Erwartungen des Mitarbeiters sind dem Vorgesetzten im allgemeinen nur dann bekannt, wenn der Mitarbeiter mit ihm darüber spricht. In diesem Zusammenhang ist das folgende Kapitel sehr wichtig.

2.3 Nehmen Sie sich Zeit für Ihren Mitarbeiter

> **Praxistip**
> Nutzen Sie jede Gelegenheit, Ihren Mitarbeiter besser kennenzulernen und dabei den Kontakt mit ihm zu festigen.

Wissenschaftler haben festgestellt, daß wir gern mit solchen Menschen zusammen sind, die uns ähnlich sind hinsichtlich unserer Interessen, Einstellungen, Wünsche, Erwartungen, Modevorlieben usw. Zu diesen Menschen entwickeln wir im allgemeinen eine positive Einstellung.

Diese Erkenntnisse über das Zusammenleben gelten vor allem für die Beziehung zwischen Führungskräften und ihren Mitarbeitern. Bemühen Sie sich daher um diese positive Einstellung Ihrer Mitarbeiter zu Ihnen, indem Sie in den Mitarbeitergesprächen gemeinsam herausfinden, worin sie einander ähnlich sind. Das wiederum kann bewirken, daß Ihr Mitarbeiter eine positive Einstellung zu Ihnen entwickelt. Untersuchungen haben nämlich ergeben, daß Mitarbeiter mit positiver Einstellung zu ihrem Vorgesetzten diese Einstellung auf das Unternehmen übertragen.

– Wenn Sie sich Zeit für Ihren Mitarbeiter nehmen, eröffnen sich für Sie weitere Möglichkeiten, ihn zu fördern und sein Denken und Handeln aufgabenorientiert zu beeinflussen.
– Sie können dabei gute zwischenmenschliche Beziehungen zu ihm aufbauen. Diese bilden eine außerordentlich tragfähige Grundlage für konfliktfreie Mitarbeitergespräche.

2.4 Gefühle gehören zu jedem Mitarbeitergespräch

Kommunikation erfaßt den ganzen Menschen. Daher ist jedes Mitarbeitergespräch von Gefühlen begleitet. Diese Gefühle beider Beteiligten beeinflussen sehr stark ihr Verhalten und haben daher eine große Bedeutung für Verlauf und Ergebnis des Mitarbeitergesprächs. Häufig ist der Einfluß der Gefühle auf das eigene Verhalten erheblich stärker, als wir es uns eingestehen.

Parkinson sagt dazu: »... gibt es viererlei, was wir übermitteln können:

1. ein Gefühl,
2. eine Information,
3. eine Idee,
4. eine Anweisung oder einen Befehl.

Ich setze das Gefühl an die erste Stelle, nicht, weil es das Wichtigste ist, sondern weil es im menschlichen Innern vor allem anderen rangiert.«[*]

In diesem Zusammenhang sind insbesondere zwei Fragen für Führungskräfte wichtig:

– Inwieweit zeige ich meine Gefühle?
– Inwieweit spreche ich Gefühle des Mitarbeiters an?

2.4.1 Zeigen Sie Ihre Gefühle

Bevor man seine Gefühle zeigen kann, muß man sich zu ihnen bekennen. Nach meinen Erfahrungen fällt das vielen Führungskräften schwer. Es ist jedoch wichtig, im Mitarbeitergespräch Empfindungen zu zeigen.

Im allgemeinen laufen Mitarbeitergespräche erfolgreicher ab, wenn der Vorgesetzte sich zu seinen Gefühlen bekennt und sie situationsgerecht zeigt. Dann wird er von seinem Mitarbeiter als echt und ohne Fassade erlebt.

Inwieweit Sie Ihre Gefühle zeigen sollen, können Sie aus folgendem Leitsatz ableiten:

> Dritter Leitsatz
> **Verhalten Sie sich wesensgemäß und situationsgerecht!**

Beispiele
– Über Ihre Bereitschaft, für Herrn X einzuspringen, freue ich mich sehr.
– Ich mache mir Sorgen um Sie.
– Es ärgert mich, daß Sie zu spät zur Arbeit kommen.

---

[*] Parkinson, Northcote C.: Dein Wort sei ein Hammerschlag und keine Handvoll Watte. In: Die Welt v. 3.11.1979.

Situationsgerecht bedeutet hier, nur solche Gefühle zu zeigen, die mit der aktuellen betrieblichen Situation zusammenhängen. Diese Empfehlung wird sehr gut durch ein Wort von Ruth Cohn ergänzt: »Nicht alles, was echt ist, will ich sagen, doch was ich sage, soll echt sein!«[*]

Welche Vorteile bringt dieses Gesprächsverhalten?

Wenn Sie Gefühle zeigen, dann wird es Ihnen auch gelingen, Gefühle des Mitarbeiters zu wecken: »Wie können Sie beim anderen ein Feuer entzünden, wenn Sie selbst kein Feuer in sich verspüren?« (Sprichwort)

Wenn Sie Gefühle zeigen, verringern Sie die Distanz zu Ihrem Mitarbeiter und fördern die Zusammenarbeit mit ihm.

Wenn Sie Gefühle zeigen, werden Sie von Ihrem Mitarbeiter als echt erlebt. Und je mehr Ihr Mitarbeiter Sie so erlebt, um so mehr Vertrauen wird er Ihnen entgegenbringen.

Echtes Verhalten der Führungskraft gibt dem Mitarbeiter Verhaltenssicherheit: Er kann sich dadurch leichter auf seinen Vorgesetzten einstellen.

2.4.2 Sprechen Sie Gefühle Ihres Mitarbeiters an

Behandeln Sie Ihren Mitarbeiter nicht nur als denkendes, sondern auch als fühlendes Individuum. Zeigen Sie daher Verständnis für dessen Gefühle. Versuchen Sie auf ihn einzugehen. Sprechen Sie ihn situationsgerecht an.

Welche Vorteile bringt Ihnen dieses Gesprächsverhalten?

– Sie geben Ihrem Mitarbeiter damit zu verstehen, daß Sie ihn in seiner Individualität respektieren und akzeptieren.
– Gefühle haben in der Regel einen höheren Gedächtniswert als der Verstand.
– Gefühle mobilisieren wesentlich mehr Energien als der Verstand.
– Das Gefühl sagt wesentlich schneller ja als der Verstand.
– Das Gefühl verpflichtet die Menschen weit mehr als der Verstand.
– Es gelingt dadurch häufig leichter, Ihren Mitarbeiter zu überzeugen.

Wenn sich Ihre guten oder unguten Gefühle auf Ihre Erfahrungen mit diesem Mitarbeiter beziehen, dann teilen Sie es ihm ebenfalls mit, und zwar in Form von Ich-Botschaften (siehe Seite 56ff.).

[*] Mehr dazu finden Sie bei Cohn, Ruth: Ich bin ich. In: Psychologie heute, 03/79.

2.5 Räumen Sie Ihrem Mitarbeiter einen angemessenen Gesprächsanteil ein

Mitarbeitergespräche zielen im Regelfall darauf ab, daß sich Führungskräfte und ihre Mitarbeiter gegenseitig ergänzen. Der Vorgesetzte kann die Kenntnisse und Erfahrungen des einzelnen Mitarbeiters jedoch nur dann nutzen, wenn er ihm einen angemessenen Gesprächsanteil einräumt.

Wissenschaftler vermuten: Im Mitarbeitergespräch wird der Gesprächsverlauf zu etwa 70% vom Vorgesetzten bestimmt. Der Mitarbeiter und der Gesprächsgegenstand hingegen beeinflussen den Gesprächsverlauf nur zu 30%. Dieses Phänomen wirkt sich in der Praxis häufig so aus, daß der Vorgesetzte einen deutlich größeren Gesprächsanteil für sich in Anspruch nimmt, als die Sache es erfordert.

Nach meinen Erfahrungen akzeptieren viele Mitarbeiter diesen großen Gesprächsanteil ihres Vorgesetzten. Andere Mitarbeiter verhalten sich wiederum so, daß ein großer Freiraum für den Vorgesetzten entsteht. In solchen Situationen ist es für Führungskräfte beinahe unmöglich, den Gesprächsanteil gering zu halten, also füllen sie diesen Freiraum aus.

Wie groß soll der Gesprächsanteil Ihres Mitarbeiters sein?

Die Antwort hierauf kann nicht lauten: »Die Gesprächsanteile sollen gleichmäßig verteilt sein« oder »Führungskräften stehen beispielsweise 60%, dem Mitarbeiter hingegen 40% Gesprächsanteile zu«.

Die Antwort hierauf muß sich vielmehr an der jeweiligen Situation orientieren. Daraus folgt: Die Gesprächsanteile sollen situationsgerecht aufgeteilt sein. So kann es in einem Gespräch angemessen sein, daß der Vorgesetzte sehr viel spricht, während in einem anderen Gespräch der Gesprächsanteil des Mitarbeiters überwiegt.

Sie könnten jetzt sagen, daß es sehr zeitaufwendig und mühsam sei, dem Mitarbeiter einen großen Gesprächsanteil einzuräumen. Das trifft nach meinen Erfahrungen zu. Und Sie werden dabei auch einmal erleben, daß Sie eigene Vorstellungen über Bord werfen müssen. Sie sollten jedoch bedenken, was es Ihnen und Ihrem Mitarbeiter bringt:

– Der Mitarbeiter erlebt, daß Sie auf seine Erfahrungen und Kenntnisse großen Wert legen. Erfahrungsgemäß wird das seine Leistungsbereitschaft deutlich steigern.
– Sie haben vermutlich mehrfach erlebt, daß Ihr Mitarbeiter solche Maßnahmen mit besonders großem Einsatz durchführt und vertritt, an deren Entwicklung er im Gespräch mit Ihnen aktiv mitgearbeitet hat.

2.6 Welche Vorteile hat eine mitarbeiterorientierte Gesprächsführung?

> **Mitarbeiterorientierte Gesprächsführung leistet einen wesentlichen Beitrag zur Förderung des Mitarbeiters, zur Verbesserung des Betriebsklimas und zum Unternehmenserfolg. Das wiederum wird auch Ihnen großen Erfolg bringen.**

Der Mitarbeiter erlebt Gespräche mit seinem Vorgesetzten um so zufriedenstellender, je mehr dieser das Gespräch mitarbeiterorientiert führt. Derartige Gespräche haben für den Mitarbeiter einen »Belohnungswert«, der um so größer ist, je mehr Erwartungen des Mitarbeiters berücksichtigt werden. Mitarbeiterorientierte Gesprächsführung hat neben dem Belohnungswert für den Mitarbeiter weitere positive Auswirkungen:

Auswirkungen auf das aktuelle Mitarbeitergespräch

Mitarbeiterorientierte Gesprächsführung
- bewirkt eine entspannte Gesprächsatmosphäre,
- hilft, die Kommunikation störungsfreier zu gestalten,
- erleichtert es, Gefühle zu äußern und Gefühle anderer anzusprechen,
- ermöglicht einen ökonomischen Gesprächsverlauf,
- erhöht die Effektivität des Gesprächs.

Auswirkungen auf Ihren Mitarbeiter

Mitarbeiterorientierte Gesprächsführung
- wirkt sich außerordentlich positiv auf die Motivation Ihres Mitarbeiters aus, fördert Initiative und Mitdenken des Mitarbeiters,
- stärkt das Selbstvertrauen des Mitarbeiters,

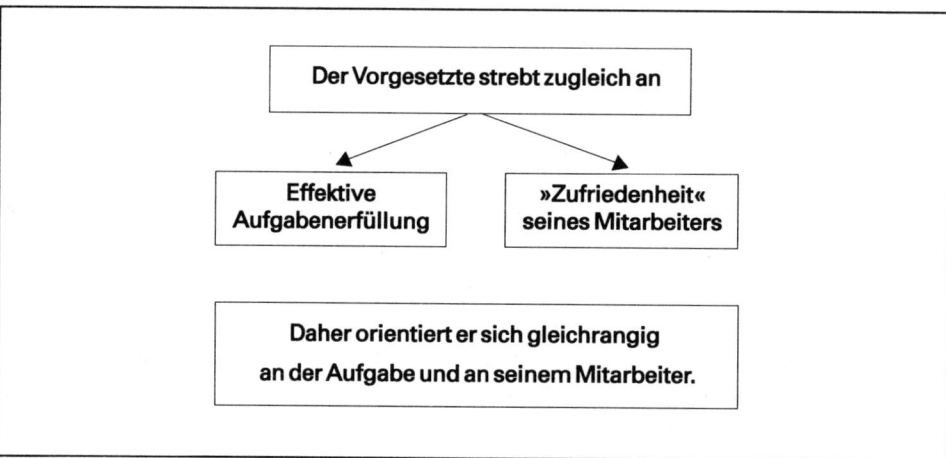

Ziel und Prinzip mitarbeiterorientierter Gesprächsführung

- befähigt, eigene Interessen angemessen zu äußern und zu vertreten,
- stärkt das Verantwortungsbewußtsein des Mitarbeiters,
- steigert Leistungsbereitschaft und Arbeitsleistung des Mitarbeiters,
- gibt dem Mitarbeiter mehr Möglichkeiten, seine Leistungen und Fähigkeiten realitätsgerecht einzuschätzen.

Auswirkungen auf die »Vorgesetzter-Mitarbeiter-Beziehung«

Mitarbeiterorientierte Gesprächsführung
- fördert das gegenseitige Kennenlernen beider Gesprächspartner,
- fördert das Verständnis füreinander,
- verbessert die allgemeine Zusammenarbeit beider Gesprächspartner,
- hilft, unnötige Konflikte zu vermeiden (Konfliktprophylaxe).

2.7 Nutzen Sie den Pygmalion-Effekt

Erfolgreiche Führungskräfte zeichnen sich insbesondere dadurch aus, daß sie hochgestellte Erwartungen in die Leistungsfähigkeit ihres Mitarbeiters haben. Das Besondere an diesen Führungskräften besteht darin, daß sie ihren Mitarbeiter so behandeln, »wie er sein könnte und nicht, wie er ist«: Diese Vorgesetzten sehen in jedem Mitarbeiter einen potentiellen Könner. Diese Kombination aus hochgestellten Erwartungen einerseits und Vertrauen in eine hohe Leistungsfähigkeit andererseits hat einen besonderen Effekt, nämlich den Pygmalion-Effekt[*].

Führungskräfte müssen diese hochgestellten Erwartungen und ihr Vertrauen in die Leistungsfähigkeit ihrer Mitarbeiter immer wieder zeigen, damit der Pygmalion-Effekt eintreten kann. Dazu ist das Mitarbeitergespräch in besonderem Maße geeignet. Das ist auch der Grund, weshalb der Pygmalion-Effekt in diesem Buch ausführlicher dargestellt wird.

Die Empfehlungen, mit denen Sie den Pygmalion-Effekt erzeugen können, sind im folgenden in zwei Gruppen zusammengefaßt:

- Zeigen Sie Ihrem Mitarbeiter Ihr Vertrauen in seine Leistungsfähigkeit.
- Fordern Sie Ihren Mitarbeiter zu hohen Leistungen heraus.

[*] Den Pygmalion-Effekt kann man auch bezeichnen als »sich selbst erfüllende Prophezeiung« (= self-fulfilling prophecy).

29

Praxistips

– Nutzen Sie den Pygma-
lion-Effekt. Durch dessen
Wirkung kann Ihr Mitarbeiter sich weiterentwickeln
und sein Leistungsver-
mögen voll entfalten. Und
das gehört zu Ihren wich-
tigen Führungsaufgaben,
nämlich der Mitarbeiter-
förderung.

– Beachten Sie auch mög-
liche negative Auswirkun-
gen des Pygmalion-
Effekts: Wenn bei Ihrem
Mitarbeiter der Eindruck
entsteht, daß Sie ihm nur
wenig zutrauen, wird er
sich vermutlich entspre-
chend verhalten. Sein
Selbstvertrauen wird sin-
ken, seine Freude an der
Arbeit und seine Arbeits-
leistung werden zurück-
gehen.

Zeigen Sie Ihrem Mitarbeiter Ihr Vertrauen in seine Leistungsfähigkeit

– Übertragen Sie Ihr Vertrauen in seine Tüchtigkeit auf Ihren Mitarbeiter.
– Behandeln Sie Ihren Mitarbeiter wie einen Partner und nicht wie einen Untergebenen.
– Bemühen Sie sich, vor allem solche Leistungen Ihres Mitarbeiters zu sehen, die besonders gut gelungen sind: Beobachten Sie Ihren Mitarbeiter, wenn er seine Höchstform
erreicht.
– Zeigen Sie sich gegenüber Vorschlägen und Anregungen Ihres Mitarbeiters aufge-
schlossen.
– Erläutern Sie Ihrem Mitarbeiter die Bedeutung seiner Leistung innerhalb der Abteilung
und innerhalb des gesamten Unternehmens.

Fordern Sie Ihren Mitarbeiter zu hohen Leistungen heraus

– Ermutigen Sie Ihren Mitarbeiter, seine Fähigkeiten auszuprobieren.
– Sprechen Sie mit Ihrem Mitarbeiter über dessen Begabungs- und Leistungsschwer-
punkte.
– Sprechen Sie den Ehrgeiz Ihres Mitarbeiters an.

Um den Pygmalion-Effekt zu erzeugen, reichen diese Empfehlungen allein nicht aus. Vielmehr sind zusätzlich ein bestimmtes Führungsverhalten und spezielle Führungsmaßnah-
men erforderlich.

Ihr Mitarbeiter braucht herausfordernde Aufgaben:

Geben Sie Ihrem Mitarbeiter Aufträge, die ein wenig anspruchsvoller sind, als die bisherigen. Stimulation zu höherer Leistung tritt nämlich nur dann ein, wenn die Aufgabe eine
Herausforderung für den Mitarbeiter bedeutet. Scheuen Sie nicht das Risiko, daß Ihr Mitarbeiter eine Arbeit einmal nicht bewältigen kann. Vermeiden Sie aber, solche Aufgaben
zuzuteilen, die entweder nicht erreichbar oder zu leicht sind. Denken Sie daran, daß ständige Unterforderung genauso demotivieren kann wie ständige Überforderung.

Schaffen Sie ein angstfreies Klima

Wenn Sie die oben zusammengestellten Empfehlungen umsetzen, sollten Sie gelegentliche
Fehler Ihres Mitarbeiters mit einkalkulieren. Schaffen Sie daher ein Klima, in dem Fehler
zugegeben und erörtert werden können, dann werden Fehler zu Lernquellen. Grundsätzlich
gilt, daß der Mitarbeiter sich hohen Herausforderungen nur dann stellen wird, wenn er
weiß, daß er Fehler machen darf.

3. Die Gesprächsführung

Der Inhalt dieses Kapitels gilt für kleine und große Mitarbeitergespräche.

3.1	Eröffnen des Mitarbeitergesprächs
3.1.1	Wie können Sie das Mitarbeitergespräch eröffnen?
3.1.2	Wie können Sie den persönlichen Gesprächskontakt herstellen? – Empfehlungen
3.1.3	Wie können Sie den sachlichen Gesprächskontakt herstellen? – Empfehlungen
3.2	Informationen geben
3.2.1	Wie können Sie Ihre Informationen verständlich formulieren? – Empfehlungen, abgeleitet aus dem Hamburger Verständlichkeitskonzept – Empfehlungen, mit denen Sie Ihrem Mitarbeiter die Aufnahme Ihrer Informationen erleichtern können
3.2.2	Wie können Sie sich vergewissern, ob das bei Ihrem Mitarbeiter angekommen ist, was Sie ihm mitteilen wollten? – Empfehlungen
3.3	Informationen empfangen – Empfehlungen, mit denen Sie Ihrem Mitarbeiter zeigen können, daß Sie ihm zuhören
3.4	Lenken des Mitarbeitergesprächs
3.4.1	Was kann unter Gesprächserfolg verstanden werden?
3.4.2	Wie können Sie das Mitarbeitergespräch lenken?
3.4.3	Welche Empfehlungen sind für die situationsgerechte Gesprächslenkung besonders geeignet? – Auf das Ziel lenken – Beteiligung des Mitarbeiters fördern – Wertschätzung zeigen
3.5	Das Mitarbeitergespräch beenden – Empfehlungen

Das Mitarbeitergespräch ist ein Kommunikationsprozeß. Wenn wir ihn auf seine formalen Kernelemente reduzieren, so ergibt sich: Im Mitarbeitergespräch werden
– wechselseitig Informationen gegeben und Informationen empfangen
– sowie gemeinsam Informationen verarbeitet.

Dieser Kommunikationsprozeß bedarf der Lenkung, damit die Beiträge beider Beteiligten sinnvoll ineinandergreifen und auf das Gesprächsziel ausgerichtet sind. Diese Aufgabe ist während des gesamten Gesprächs von der Führungskraft wahrzunehmen. Die Effektivität dieses Kommunikationsprozesses wird in wesentlichem Umfang von dem persönlichen Gesprächskontakt der beiden Beteiligten bestimmt, also von der Beziehung zwischen dem Vorgesetzten und seinem Mitarbeiter.

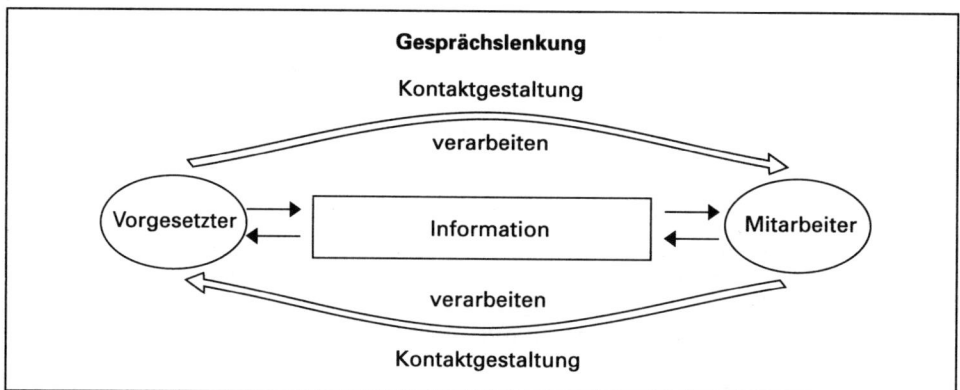

Die formalen Kernelemente des Mitarbeitergesprächs

Hinweis
Sie können auch einmal alle Empfehlungen und Hinweise dieses Kapitels außer acht lassen, wenn Sie anschließend – und das ist sehr wichtig – gemeinsam mit Ihrem Mitarbeiter diese Situation aufarbeiten.

Die folgenden Empfehlungen zielen darauf ab,
– die bereits eingeführte Kernaussage dieses Buches (»Schenken Sie Ihrem Mitarbeiter mindestens so viel Aufmerksamkeit wie dem Gesprächsgegenstand«) umzusetzen;
– die Motivation Ihres Mitarbeiters durch zusätzliche Gespräche zu verstärken.

Das einleitend beschriebene Reduzieren des Kommunikationsprozesses auf seine formalen Kernelemente macht nicht nur das Mitarbeitergespräch durchschaubar, sondern zeigt auch Ansatzpunkte für Empfehlungen zur Gesprächsführung auf:
– Informationen geben,
– Informationen empfangen,
– Informationen verarbeiten.

Aus diesen Kernelementen und den beiden formalen Gesprächsphasen, nämlich »Gespräch eröffnen« und »Gespräch beenden«, wurde die Struktur dieses Kapitels entwickelt.

3.1 Eröffnen des Mitarbeitergesprächs

In der Eröffnungsphase des Mitarbeitergesprächs stellt der Vorgesetzte zunächst Kontakt her, und zwar
- Kontakt mit dem Mitarbeiter sowie
- Kontakt zwischen dem Mitarbeiter und dem Gesprächsgegenstand.

Diese Reihenfolge entspricht unserem üblichen Verhalten in Kommunikationssituationen. Wir sind zunächst in erster Linie an der Person unseres Gesprächspartners interessiert: *Was ist er für ein Mensch? Wie wird er sich heute verhalten?* Antworten auf diese und ähnliche Fragen fördern unsere Verhaltenssicherheit. Erst in zweiter Linie interessiert uns in der Anfangssituation der Gesprächsgegenstand. Beispielsweise: *Was will er mir mitteilen? Was will er von mir wissen?*

Wenn man das erste Knopfloch verfehlt, bekommt man die Weste nicht mehr zu.
Goethe

In allen Gesprächssituationen wird daher zunächst ein persönlicher Gesprächskontakt geknüpft, bevor der Gesprächskontakt zum Sachthema (zum Gesprächsgegenstand) hergestellt wird. Diese Formen des Gesprächskontakts entsprechen der Mitarbeiterorientierung und der Aufgabenorientierung.

Im 2. Kapitel wurde bereits dargelegt, daß diese zwei Spuren der Gesprächsführung eng miteinander verbunden sind. Aus analytischen Gründen werden sie jedoch getrennt behandelt. Auf den persönlichen und den sachlichen Gesprächskontakt trifft das ebenfalls zu: Es

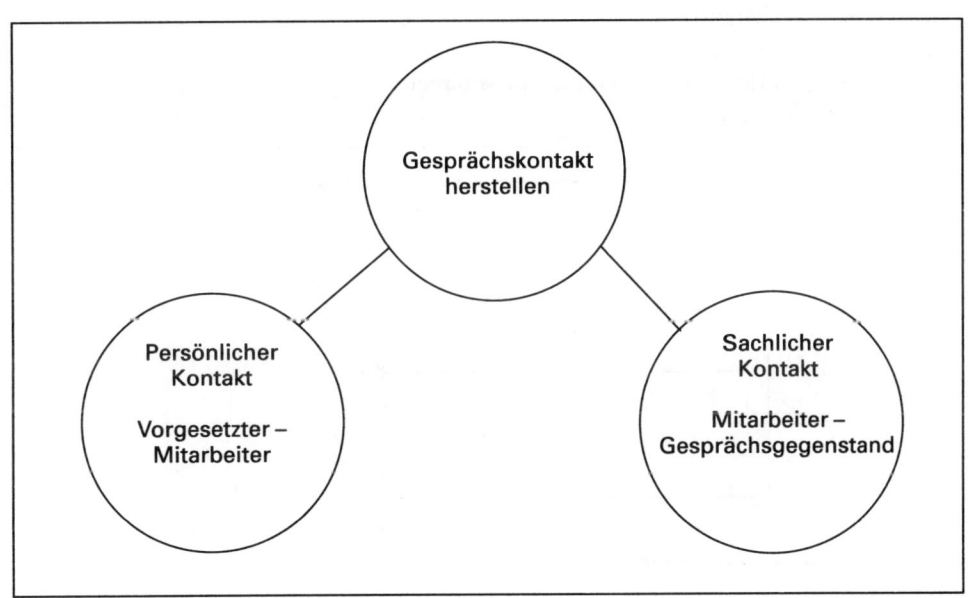

gibt keine ausschließlich aufgabenorientierten Gesprächsbeiträge, wie es auch keine ausschließlich mitarbeiterorientierten Gesprächsbeiträge gibt.

Der persönliche Gesprächskontakt richtet sich auf die Beziehung zwischen dem Vorgesetzten und dem Mitarbeiter. Der sachliche Gesprächskontakt richtet sich auf den Gesprächsgegenstand, auf die Aufgabe.

Der persönliche Gesprächskontakt bildet die wesentliche Grundlage für einen störungsfreien Gesprächsverlauf und für ein angenehmes Gesprächsklima. Dieser Kontakt ist für den Gesprächserfolg mindestens genauso wichtig wie der sachliche Gesprächsbezug. Viele Wissenschaftler und erfahrene Praktiker räumen dem persönlichen Gesprächskontakt sogar die höhere Priorität ein.

3.1.1 Wie können Sie das Mitarbeitergespräch eröffnen?

Sie können das Mitarbeitergespräch *eher formell* oder *eher informell* eröffnen. Die eher formelle Eröffnung enthält sehr wenige Elemente persönlichen Kontakts; die eher informelle Eröffnung hingegen enthält viele Elemente persönlichen Kontakts. Für welche Form Sie sich jeweils entscheiden, hängt von der gesamten Situation ab.

Die »gesamte Situation« setzt sich vor allem aus folgenden Einflußfaktoren zusammen:

– Die Person des Mitarbeiters.
– Das Verhalten des Mitarbeiters.
– Ihre bisherigen Erfahrungen mit diesem Mitarbeiter.
– Der Gesprächsgegenstand.

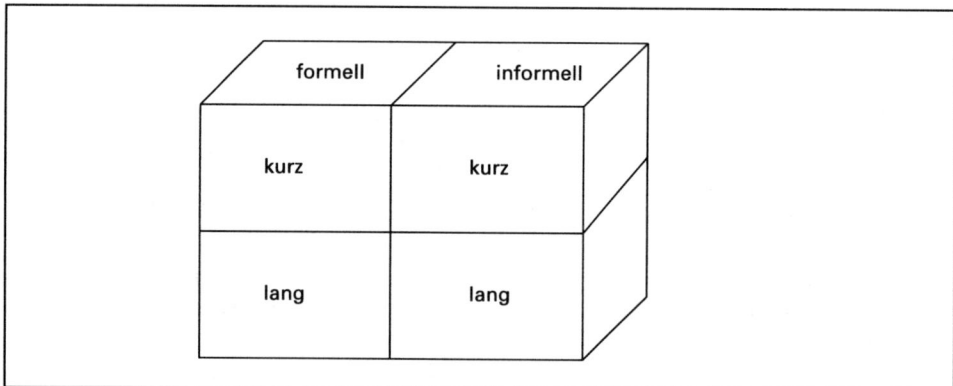

Die vier Möglichkeiten der Gesprächseröffnung

– Ihre Befindlichkeit, Ihre Stimmung.
– Der Ort des Mitarbeitergesprächs.
– Das aktuelle Geschehen in Ihrem Bereich.

Grundsätzlich ist eine kurze Gesprächseröffnung günstig. Wechseln Sie daher nur wenige Worte persönlichen oder allgemein betrieblichen Inhalts mit Ihrem Mitarbeiter, bevor Sie den Gesprächsgegenstand ansprechen.

Eine längere Gesprächseröffnung kann problematisch sein:

– Sie könnte den Eindruck erwecken, der Vorgesetzte rede um den heißen Brei herum.
– Sie könnte auch als »Auf-die-Folter-spannen« erlebt werden.
– Insbesondere bei Gesprächen mit negativem Inhalt (aus der Sicht des Mitarbeiters) könnte eine längere Gesprächseröffnung gekünstelt wirken. Sie könnte im weiteren Verlauf des Gesprächs die Wirkung des negativen Inhalts sogar noch verstärken: Nach einer längeren freundlichen Einleitung müssen dem Mitarbeiter negative Inhalte wie eine kalte Dusche vorkommen.

3.1.2 Wie können Sie den persönlichen Gesprächskontakt herstellen?

Persönlichen Gesprächskontakt können Sie mit einem Satz oder mit längeren Ausführungen herstellen. Häufig genügen auch nichtsprachliche Signale (Anlächeln, Hände schütteln). Dabei muß die Initiative von Ihnen ausgehen. Ihr Mitarbeiter hingegen hat im Regelfall nur die Möglichkeit, Ihr Kontaktangebot zu erwidern oder abzulehnen. In welchem Umfang Sie Elemente persönlichen Gesprächskontakts in das Gespräch einfließen lassen, hängt wiederum von der gesamten Situation ab.

Empfehlungen

● Beginnen Sie immer positiv (auch bei solchen Mitarbeitergesprächen, deren Inhalt für den Mitarbeiter unangenehm ist).
● Halten Sie Blickkontakt.
● Sprechen Sie Ihren Mitarbeiter mit Namen an.
● Zeigen Sie insbesondere dann deutlich Ihr persönliches Interesse am Gesprächsgegenstand, wenn es um ein Problem Ihres Mitarbeiters geht.
● Vermitteln Sie Ihrem Mitarbeiter das Gefühl, daß Sie ihn in seiner Individualität akzeptieren,
  – indem Sie sich mit seinen Argumenten auseinandersetzen,
  – indem Sie genügend Zeit für das Gespräch einplanen,
  – indem Sie ihn spüren lassen, daß Sie sein Anliegen ernst nehmen.
● Dringen Sie sich als Individuum mit Gefühlen, Wünschen usw. ins Gespräch ein,
  – indem Sie eigene Gefühle aussprechen,
  – indem Sie auf die Gefühle Ihres Mitarbeiters eingehen,
  – indem Sie nicht perfekt erscheinen wollen und beispielsweise auch sagen, wenn Sie sich geirrt haben.

3.1.3 Wie können Sie den sachlichen Gesprächskontakt herstellen?

Sie können den sachlichen Gesprächskontakt dadurch herstellen, daß Sie die Aufmerksamkeit Ihres Mitarbeiters auf den Gesprächsgegenstand lenken. Hierzu genügt häufig ein Satz. Bei komplexen Fragestellungen oder in ähnlichen Fällen können jedoch auch längere Ausführungen erforderlich sein.

Wenn es möglich ist, sollten Sie die Aufmerksamkeit Ihres Mitarbeiters für den Gesprächsgegenstand nicht erst mit der Einleitung des Mitarbeitergesprächs wecken. Nach meinen Erfahrungen hat es sich bewährt, dem Mitarbeiter bereits bei der Terminvereinbarung den Gesprächsgegenstand mitzuteilen.

Empfehlungen

● Leiten Sie das Thema mit dem zentralen Punkt ein.

● Informieren Sie Ihren Mitarbeiter über den Gesprächsanlaß.

● Konkretisieren Sie den Gesprächsgegenstand, indem Sie Ihrem Mitarbeiter den Anlaß zeigen. Das können beispielsweise sein: ein beschädigter Gegenstand, ein Schriftwechsel, Zeichnungen, Statistiken, Zusammenstellungen.

● Stellen Sie das gemeinsame Ziel heraus.

● Erklären Sie Ihrem Mitarbeiter, welche Bedeutung das Thema für seinen Arbeitsbereich und für ihn persönlich hat.

3.2 Informationen geben

Die Aufgabe, dem Mitarbeiter Informationen zu geben, nimmt einen breiten Raum im Mitarbeitergespräch ein. Das bedeutet einerseits, daß der Vorgesetzte vorwiegend Informationen gibt, und es bedeutet andererseits, daß der Mitarbeiter vorwiegend Informationen empfängt. Daher lohnt es sich, dieser Aufgabe ein besonderes Augenmerk zu schenken. Nach meinen Erfahrungen zeichnen sich erfolgreiche Führungskräfte unter anderem dadurch aus, daß sie ihre Mitteilungen leicht verständlich formulieren.

Was nützt dem Vorgesetzten ein sorgfältig aufbereiteter Gesprächsplan, was nützen ihm stichhaltige Argumente, wenn seine Gesprächsbeiträge dem Mitarbeiter nicht verständlich sind. Verständlich formulierte Gesprächsbeiträge wirken sich insbesondere deshalb positiv aus, weil sie dem Mitarbeiter die Informationsaufnahme erleichtern und dadurch das Gesprächsklima positiv beeinflussen. Zudem verstärken sie die Überzeugungswirkung des Vorgesetzten wesentlich.

3.2.1 Wie können Sie Ihre Informationen verständlich formulieren?

Was Texte verständlich macht, hat seit Jahren viele Wissenschaftler und Praktiker beschäftigt. Mittlerweile sind beachtenswerte Konzepte zur Verbesserung der Verständlichkeit veröffentlicht worden. In unserer Fortbildungseinrichtung für Führungskräfte haben wir gute Erfahrungen mit dem Verständlichkeitskonzept gemacht, das Schulz von Thun in seinem Buch »Miteinander reden: Störungen und Klärungen« beschrieben hat. Dieses »Hamburger Verständlichkeitskonzept« hat inzwischen einen hohen Bekanntheitsgrad erlangt, und zwar unter der Bezeichnung »Die vier Verständlichmacher«.

Die vier Verständlichmacher

1. Einfachheit
2. Gliederung/Ordnung
3. Kürze/Prägnanz
4. Stimulanz/Anregung

Nach diesem Konzept wird die Verständlichkeit von Informationen im wesentlichen durch diese vier Faktoren bestimmt, die der Autor als »Verständlichmacher« bezeichnet. Diese Faktoren wurden zwar für die schriftliche Kommunikation entwickelt, mittlerweile werden Sie jedoch auch auf die mündliche Kommunikation angewendet. (Konnte ich selbst erfolgreich in mehreren hundert Führungsseminaren erproben.)

Empfehlungen, abgeleitet aus dem Hamburger Verständlichkeitskonzept

1. Einfachheit (das Gegenteil ist Kompliziertheit)

Dieser Verständlichmacher hat die größte Bedeutung für die Verständlichkeit.
   – Verwenden Sie Tätigkeitswörter.
   – Sprechen Sie in der Gegenwartsform.
   – Vermeiden Sie möglichst ungewohnte Fremdwörter.
   – Bilden Sie kurze Sätze mit geläufigen Wörtern.

2. Gliederung/Ordnung (das Gegenteil ist Unübersichtlichkeit/Zusammenhanglosigkeit)

Zunächst unterscheidet Schulz von Thun zwischen der überschaubaren äußeren Gliederung und der folgerichtigen inneren Gliederung.

Diese zwei Gliederungsformen bedeuten für Mitarbeitergespräche:

(1) Die äußere Gliederung ist vorwiegend bei großen Mitarbeitergesprächen zu beachten. Als äußere Gliederung können die Gesprächsphasenkonzepte und deren individuelle Entsprechungen bezeichnet werden (s. Kap. 6).
(2) Die innere Gliederung ist für alle Mitarbeitergespräche wichtig.

Praxistips

– Gliedern Sie Ihre Informationen in übersichtliche Blöcke.
– Machen Sie Zusammenfassungen.
– Betonen Sie Wesentliches.
– Leiten Sie wesentliche Aussagen etwa so ein: *Denken Sie vor allem an ... / Das entscheidende Problem, nämlich ... / Am wichtigsten ist hierbei ... / Hierauf lege ich besonderen Wert ...*
– Trennen Sie Fakten von Meinungen.

Praxistip

Beginnen Sie mit viel Redundanz, denn die Aufnahmefähigkeit Ihres Mitarbeiters ist zunächst nicht sehr hoch. Steigern Sie nach und nach die Informationsdichte. Gehen Sie jedoch sparsam mit der Redundanz um; sie könnte sonst leicht den »roten Faden« überlagern und das Mitarbeitergespräch zu einem Zeitfresser machen.

3. Kürze/Prägnanz (das Gegenteil ist Weitschweifigkeit)
   – Konzentrieren Sie sich auf das Wesentliche.
   – Formulieren Sie klar und knapp.

Dieser Verständlichmacher muß den Erfordernissen der mündlichen Kommunikation angepaßt werden: Der Autor sagt nämlich, daß überflüssige Information zu vermeiden sei. Diese Forderung kann für die mündliche Kommunikation jedoch nicht in dieser Ausschließlichkeit bestehen bleiben. Im Gegenteil: Es ist oft sogar zwingend erforderlich, mehr Worte zu sprechen, als informationstechnisch nötig sind, um die Informationen verständlich zu machen. Diese »überflüssige« Information wird als Redundanz bezeichnet. Weshalb mündliche Informationen redundant sein müssen, hängt mit unserer begrenzten Fähigkeit zusammen, mündliche Informationen aufzunehmen.

4. Zusätzliche Stimulanz/Anregung (das Gegenteil ist keine zusätzliche Stimulanz)
   – Formulieren Sie so, daß Ihr Mitarbeiter Sie nicht nur als Führungskraft, sondern auch als Individuum mit Gefühlen, Wünschen, Interessen und Erwartungen erlebt.
   – Formulieren Sie konkret und anschaulich.
   – Bringen Sie Beispiele.
   – Verwenden Sie plastische Ausdrücke.
   – Verwenden Sie das persönliche »Sie« anstelle des Wörtchens »man«.
   – Sprechen Sie Gefühle Ihres Mitarbeiters an.
   – Sprechen Sie eigene Gefühle aus.
   – Beziehen Sie Ihren Mitarbeiter in Ihre Ausführungen ein, indem Sie beispielsweise sagen: *Sie erkennen natürlich sofort .../Sie haben gewiß schon gelesen .../Sie haben bestimmt schon erlebt ...*

Empfehlungen, mit denen Sie Ihrem Mitarbeiter die Aufnahme Ihrer Informationen erleichtern können

Die folgenden Empfehlungen, die sich in vielen Kommunikationssituationen gut bewährt haben, sind insbesondere aus Erkenntnissen der Lernpsychologie und Kommunikationsforschung abgeleitet:

(1) Allgemein
   – Fesseln Sie die Aufmerksamkeit Ihres Mitarbeiters, indem Sie beispielsweise die Empfehlungen des vierten Verständlichmachers aus dem »Hamburger Verständlichkeitskonzept« beachten.
   – Dosieren Sie Ihre Informationen.
   – Vermeiden Sie Monologe.
   – Beleuchten Sie das Problem von mehreren Seiten.

– Knüpfen Sie Ihre Aussagen an Wissen und Erfahrungen Ihres Mitarbeiters an.
– Stützen Sie komplexe Informationen durch Visualisierung (s. Kap. 4.4),
   ● indem Sie Ihrem Mitarbeiter Formulare, Landkarten, Statistiken, Pläne vorlegen,
   ● indem Sie Skizzen, Diagramme oder ähnliches anfertigen und wesentliche Aussagen, Daten usw. aufschreiben.

(2) Speziell – Empfehlungen zum Sprechverhalten
   – Wählen Sie die Sprachebene Ihres Mitarbeiters.
   – Sprechen Sie mit angemessener Lautstärke.
   – Machen Sie Sprechpausen:
      ● Vor einer wichtigen Aussage.
      ● Nach einer wichtigen Aussage.
   – Sprechen Sie farbig, indem Sie Ihre Stimme modulieren:
      ● Hoch/tief – Laut/leise – Schnell/langsam

> **Praxistip**
> Denken Sie daran:
> Ihr Mitarbeiter will informiert und nicht belehrt werden.

3.2.2 Wie können Sie sich vergewissern, ob das bei Ihrem Mitarbeiter angekommen ist, was Sie ihm mitteilen wollten?

Es reicht nicht aus, Ihre Informationen verständlich zu formulieren und Ihrem Mitarbeiter deren Aufnahme zu erleichtern. Sie sollten sich auch stets vergewissern, ob er alles verstanden hat.

Sie können einerseits aus den Gesprächsbeiträgen Ihres Mitarbeiters und andererseits aus dessen nichtsprachlichen Rückmeldungen (Mimik, Gestik) ableiten, wie Ihre Informationen angekommen sind. Sie werden oft auch davon ausgehen können, daß Ihr Mitarbeiter Sie fragen wird, wenn ihm etwas unklar erscheint. Aber es ist keinesfalls die Regel, daß er fragt, wenn ihm etwas unklar geblieben ist. Andererseits gibt es auch Situationen, in denen es dem Mitarbeiter gar nicht bewußt ist, daß er etwas nicht richtig verstanden hat, oder Sie haben nicht das gesagt, was Sie sagen wollten.

> **Ich muß erst die Antwort hören, um zu wissen, was ich gesagt habe.**
> *Norbert Wiener*

> **Empfehlungen, mit denen Sie sich vergewissern können, ob das bei Ihrem Mitarbeiter angekommen ist, was Sie ihm mitteilen wollten**
>
> ● Formulieren Sie so, daß Ihr Mitarbeiter zum Fragen angeregt wird: *Ich bin mir nicht sicher, ob ich alle Arbeitsschritte dargestellt habe.* (Sprechpause machen – warten!)
> ● Stellen Sie Fragen: *Wie schätzen Sie die Situation ein?/Welche Erfahrungen haben Sie damit gemacht?/Wie sieht das Problem aus Ihrer Sicht aus?*
> ● Prüfen Sie bei Meinungsverschiedenheiten, ob Sie über das gleiche Thema sprechen.
> ● Fassen Sie den Stand des Gesprächs zusammen, wenn Sie den Eindruck haben, daß Sie aneinander vorbeireden.

3.3 Informationen empfangen

Praxistip

Wie können Sie sich verhalten, wenn Ihr Mitarbeiter Ihnen »überflüssige« Informationen unterbreitet?
Immer wieder entstehen Gesprächssituationen, in denen Sie von Ihrem Mitarbeiter Informationen erhalten, die für Ihre Aufgabenerfüllung keine Bedeutung haben, die jedoch vom Mitarbeiter als wichtig eingeschätzt werden. Auch in derartigen Fällen sollten Sie Ihrem Mitarbeiter zunächst zuhören, um ihn im geeigneten Augenblick zum Gesprächsgegenstand zurückzuführen. Auf keinen Fall sollten Sie den Mitarbeiter barsch zurückweisen: *Das gehört nicht hierher!/Kommen Sie endlich zur Sache!*

Unsere hochtechnisierte und differenzierte Arbeitswelt hat dazu geführt, daß Führungskräfte ständig Informationen ihrer Mitarbeiter für die eigene Aufgabenerfüllung brauchen. Aus meiner Sicht ist dadurch eine gewisse »Abhängigkeit« des Vorgesetzten von den Auskünften der Mitarbeiter entstanden. Diese »Abhängigkeit« wird sich dann positiv auf das Mitarbeitergespräch auswirken, wenn sie vom Vorgesetzten als ein wesentlicher Bestandteil des partnerschaftlichen Führungsstils angesehen wird.

Die Informationen Ihres Mitarbeiters sind Ihnen nur dann zugänglich, wenn Sie ihm in den entsprechenden Situationen zuhören. Außerdem ist es ein Gebot des Takts, achtzugeben, wenn der Gesprächspartner spricht. Daher erwartet Ihr Mitarbeiter von Ihnen, daß Sie aufpassen, wenn er spricht. Erfahrungsgemäß fällt es den meisten Menschen schwer, anderen zuzuhören, und zwar nicht nur dann, wenn die Zeit drängt oder wenn der Gesprächspartner beispielsweise umständlich formuliert. Wie schwer das Zuhören ist, erkennen Sie auch daran, daß viele Fortbildungseinrichtungen Seminare anbieten, in denen Führungskräfte lernen, aufmerksam zuzuhören.

Empfehlungen, mit denen Sie Ihrem Mitarbeiter zeigen können, daß Sie ihm zuhören

Sie können Ihrem Mitarbeiter in direkter und indirekter Form zeigen, daß Sie ihm zuhören:

In direkter Form

- Sagen Sie es Ihrem Mitarbeiter, wenn seine Informationen für Sie wichtig sind.
- Quittieren Sie die Beiträge Ihres Mitarbeiters. Damit sind Rückmeldungen gemeint, die Ihrem Mitarbeiter zeigen, daß Sie seinen Gesprächsbeitrag aufgenommen haben.
  - Sprachliches Quittieren:
    Aha, ja, ach, so, hm, okay, gut, ich verstehe.
  - Nichtsprachliches Quittieren:
    Notizen machen, Lächeln, Kopfnicken, Kopfschütteln.
  - Eine besondere Form des Quittierens besteht darin, Gesprächsbeiträge des Mitarbeiters zu verstärken: *Das ist sehr wichtig./Das ist mir neu./Das bringt uns weiter./Das ist ein guter Vorschlag.*
- Bitten Sie um Erklärung, wenn Sie etwas nicht verstehen.

In indirekter Form

- Verknüpfen Sie eigene Beiträge mit Beiträgen Ihres Mitarbeiters.
- Greifen Sie einzelne Beiträge Ihres Mitarbeiters auf.
- Sichern Sie durch Spiegelungsfragen, daß Sie Ihren Mitarbeiter richtig verstehen: *Sie meinen also, daß .../Wenn ich Sie richtig verstanden habe, wünschen Sie ...* (s. Kap. 4.2).

3.4 Lenken des Mitarbeitergesprächs

Betrachten Sie das Mitarbeitergespräch als eine Tauschbeziehung, als wechselseitiges, zielorientiertes Geben und Nehmen von Informationen. Wenn Sie das Mitarbeitergespräch so führen, daß dessen Verlauf dieser Tauschbeziehung entspricht, wird Ihr Mitarbeiter sich als gleichberechtigter Gesprächspartner erleben.

Ihre Gesprächsbeiträge können ausschließlich auf die Gesprächslenkung oder völlig auf den Gesprächsgegenstand konzentriert sein. Ihre Gesprächsbeiträge können jedoch auch beides miteinander kombinieren.

Man kann daher mit entsprechender Vorsicht formulieren: Das gesamte sprachliche und nichtsprachliche Verhalten des Vorgesetzten im Mitarbeitergespräch hat Lenkungsfunktion. Dem steht das Bedürfnis des Mitarbeiters nach Freiräumen und Gestaltungsmöglichkeiten gegenüber. Ihr Mitarbeiter will im Mitarbeitergespräch weitgehend selbst entscheiden,
– wann er etwas sagen will,
– was er sagen will und
– wie er etwas sagen will.

Jeder Vorgesetzte hat die Macht, die eigenen Gesprächsziele in jedem Falle durchsetzen zu können. Das kann ihn dazu verleiten, dem Mitarbeiter nicht die gleiche Bedeutung wie dem Gesprächsgegenstand zu schenken und Gesprächsbeiträge des Mitarbeiters zu ignorieren. Darüber hinaus kann diese Macht den Vorgesetzten auch dazu verleiten, jedes Verhalten seines Mitarbeiters als Ausdruck dieser Person zu interpretieren und weniger als Reaktion auf sein eigenes Verhalten. Und so kann es leicht dazu kommen, daß der Vorgesetzte gar nicht darüber nachdenkt, inwieweit er das Gespräch mitarbeiterorientiert lenkt.

> **Lenken Sie nur so viel, wie unbedingt nötig, weil jedes Lenken den Freiheitsbereich Ihres Mitarbeiters einschränkt.**

> **Praxistip**
> Prüfen Sie von Zeit zu Zeit Ihr Verhalten als Gesprächsleiter, indem Sie das Gesprächsverhalten hres Mitarbeiters als Spiegel Ihres eigenen Verhaltens nehmen.

3.4.1 Was kann unter Gesprächserfolg verstanden werden?

Es ist unbestritten: Jeder wünscht, daß ein Mitarbeitergespräch erfolgreich verläuft. Was in diesem Zusammenhang jedoch »Erfolg« bedeutet, darüber bestehen nach meinen Erfahrungen sehr unterschiedliche Auffassungen. Was ich unter Gesprächserfolg verstehe, ist im folgenden dargestellt:

Erfahrungsgemäß gilt ein Mitarbeitergespräch dann als erfolgreich geführt,

– wenn ein gutes und für beide Gesprächspartner akzeptierbares Ergebnis erzielt wurde,
– wenn der Zeitaufwand dem Gesprächsgegenstand angemessen war, und
– wenn der Verlauf sowohl vom Vorgesetzten als auch vom Mitarbeiter als befriedigend erlebt wurde.

41

Den Erfolg des Mitarbeitergesprächs schätzen Mitarbeiter und Führungskräfte unterschiedlich ein:

– Beim Vorgesetzten steht die Effektivität im Vordergrund: Wieviel hat das Mitarbeitergespräch für die Wahrnehmung meiner Aufgaben und damit für »meine« Ziele geleistet?
– Beim Mitarbeiter hingegen steht eher die eigene Zufriedenheit im Vordergrund: Inwieweit hat der Vorgesetzte meine Erwartungen hinsichtlich meiner Person und meiner Arbeitsleistung berücksichtigt?

3.4.2 Wie können Sie das Mitarbeitergespräch lenken?

Diese Form der Gesprächsführung wird als »situationsgerechtes Lenken« bezeichnet.

Lassen Sie Ihr Mitarbeitergespräch laufen, wenn Ihr Mitarbeiter sich zielorientiert und ökonomisch am Gespräch beteiligt. Greifen Sie nur dann lenkend ein, wenn die Beiträge Ihres Mitarbeiters nicht zielorientiert oder zu weitschweifig sind oder wenn das Verhalten Ihres Mitarbeiters es erfordert.

Situationsgerechtes Lenken bedeutet auch, daß sich die gleichrangige Beachtung der Aufgabe und der Erwartungen Ihres Mitarbeiters nicht immer realisieren läßt. Das ist insbesondere dann der Fall, wenn die Zeit drängt, wenn sofort gehandelt werden muß.

Es gilt: Je stärker Sie das Gespräch lenken, um so geringer ist der Gesprächsanteil Ihres Mitarbeiters, bei geringer Lenkung hingegen ist der Gesprächsanteil Ihres Mitarbeiters groß.

Lenken Sie so, daß zwei Drittel Ihrer Lenkungsaktivitäten im Bereich »geringe Lenkung« liegen.

Für das situationsgerechte Lenken des Mitarbeitergesprächs hat sich die nebenstehende Faustregel bewährt.

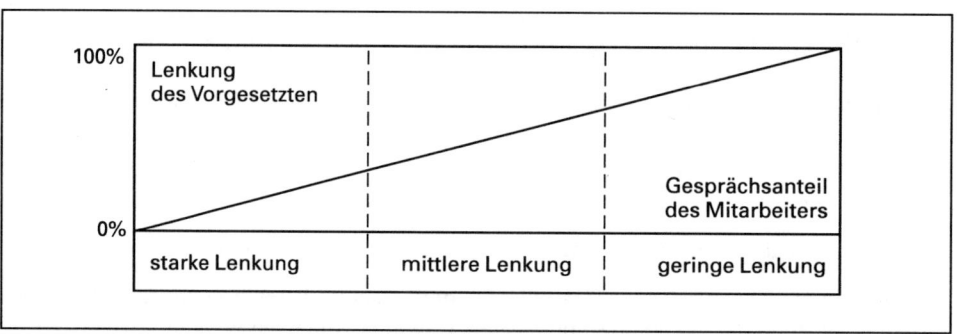

Wie wirkt sich in der Tendenz die Lenkung auf den Gesprächsanteil Ihres Mitarbeiters aus?

42

3.4.3 Welche Empfehlungen sind für die situationsgerechte Gesprächslenkung besonders geeignet?

Die Empfehlungen für die Gesprächslenkung sind im folgenden in drei Gruppen zusammengefaßt:

(1) Auf das Ziel lenken.
(2) Beteiligung des Mitarbeiters fördern.
(3) Wertschätzung zeigen.

(1) Auf das Ziel lenken

- Vertreten Sie Ihre sachlichen Interessen deutlich und bestimmt.
- Strukturieren Sie das Mitarbeitergespräch phasengerecht.
- Zentrieren Sie das Mitarbeitergespräch auf das Wesentliche.
- Führen Sie mit »Rangierfragen« zum Thema zurück (s. Kap. 4.2).
- Weisen Sie auf den Gesprächsgegenstand und das Ziel hin.
- Formulieren Sie Zwischenergebnisse.
- Arbeiten Sie auch mit indirekten Lenkungsformen,
  - indem Sie mit Mimik und Gestik, also nichtsprachlich, lenken,
  - indem Sie mit Fragen lenken,
  - indem Sie mit Impulsen lenken.

> **Beispiele für Impulse**
> *Bitte, schauen Sie sich diese Schaltung an. / Unsere Abteilung hat den höchsten Krankenstand des gesamten Zweigbetriebs. / Dieses Aggregat unseres Lieferanten X ging heute bei mir ein.*

(2) Beteiligung des Mitarbeiters fördern

- Stellen Sie offene Fragen (s. Kap. 4.2).
- Regen Sie Ihren Mitarbeiter zu Vorschlägen an.
- Setzen Sie Ihre Sprechpausen so, daß sie vom Mitarbeiter als Aufforderung zu eigenen Beiträgen erlebt werden.
- Verknüpfen Sie Interessen Ihres Mitarbeiters mit seinen Aufgaben.
- Loben Sie Beiträge Ihres Mitarbeiters (s. Kap. 3.3).
- Loben Sie Fragen Ihres Mitarbeiters:
  - *Gut, daß Sie mich darauf ansprechen.*
  - *Sie haben recht, das sollten wir ebenfalls erörtern.*
- Greifen Sie originelle Aussagen auf.
- Gehen Sie auch auf abweichende Meinungen ein.
- Vermeiden Sie Behauptungen. Kleiden Sie derartige Aussagen statt dessen in Fragen: *Wann haben Sie das Ventil geöffnet?* Statt: *Sicher haben Sie das Ventil nicht rechtzeitig geöffnet.*
- Ertragen Sie Sprechpausen Ihres Mitarbeiters, ohne selbst das Wort zu ergreifen.

43

(3) Wertschätzung zeigen

- Sprechen Sie Ihren Mitarbeiter wiederholt mit seinem Namen an.
- Zeigen Sie Verständnis für die Argumente Ihres Mitarbeiters, auch wenn sie nicht Ihren Ansichten entsprechen.
- Heben Sie beim Widersprechen zunächst gemeinsame Punkte heraus: *In diesem Punkte stimme ich Ihnen zu, in diesem Aspekt hingegen ...*
- Bevor Sie Behauptungen des Mitarbeiters widerlegen, fragen Sie zunächst nach seiner Begründung.
- Interpretieren Sie nicht das Verhalten Ihres Mitarbeiters. Senden Sie statt dessen Ich-Botschaften (s. Kap. 4.5) *Ich habe das Gefühl, Sie wollen damit ...* anstelle von: *Das tun Sie ja nur, um ...*
- Sprechen Sie so mit Ihrem Mitarbeiter, wie er auch zu Ihnen sprechen könnte, ohne die Regeln des Takts zu verletzen oder die gute Zusammenarbeit zu gefährden.

- Formulierungsvorschläge:
  - *Darf ich Sie so verstehen ...*
    anstelle von: *Bitte, drücken Sie sich etwas deutlicher aus.*
  - *Sind Sie sicher, daß dies stimmt?*
    anstelle von: *Das stimmt nicht!/Das ist falsch!*
  - *Da habe ich mich nicht präzis genug ausgedrückt.*
    anstelle von: *Da haben Sie mich falsch verstanden.*

3.5 Das Mitarbeitergespräch beenden

Was am Ende eines Mitarbeitergesprächs gesagt wird, bleibt besonders lange haften und klingt häufig lange nach. Lassen Sie Ihre Mitarbeitergespräche daher positiv ausklingen. Auch wenn unterschiedliche Standpunkte in Ihrem Mitarbeitergespräch vorherrschen, sollten Sie am Gesprächsende deutlich machen, daß Ihre Beziehung zu Ihrem Mitarbeiter nicht beeinträchtigt ist.

Nicht jedes Mitarbeitergespräch endet mit einem »greifbaren« Ergebnis. Ein Mitarbeitergespräch kann auch so verlaufen, daß am Ende unterschiedliche Standpunkte stehenbleiben. Hier kann das Ergebnis darin bestehen, daß beide Beteiligte die Möglichkeit hatten, ihre Interessen, Wünsche, Einwände offenzulegen und zu begründen.

Nun gibt es auch Mitarbeiter, deren Verhalten es dem Vorgesetzten unmöglich macht, das Gespräch positiv ausklingen zu lassen. In derartigen Situationen nützen Erfahrungen und ein großes Instrumentarium an Techniken wenig. Wenn Ihre Erfahrungen und Gesprächstechniken nicht den angestrebten Erfolg bringen, dann bleibt Ihnen nichts anderes übrig, als eine Anordnung zu treffen. Dadurch wird vermutlich Ihre Beziehung zu Ihrem Mitarbeiter gestört. Jedoch auch das gehört zum betrieblichen Alltag eines Vorgesetzten.

Die Techniken dieses Buches helfen zwar, Störungen und Konflikte im Mitarbeitergespräch weitgehend zu vermeiden. Sie stellen jedoch nicht sicher, daß Sie in jedem Fall Ihr Ziel einvernehmlich erreichen und das Gespräch positiv beenden können.

Empfehlungen

● Behandeln Sie Unangenehmes nicht erst am Ende des Gesprächs, sonst verbauen Sie sich den Weg für einen positiven Ausklang.

● Fassen Sie das Gesprächsergebnis in zwei oder drei Sätzen zusammen.

● Zeigen Sie abschließend Zufriedenheit/Freude über das Gesprächsergebnis.

● Weisen Sie auf das Positive des Gesprächsergebnisses hin.

● Formulieren Sie abschließend
  – eine Aufforderung,
  – einen Ausblick,
  – eine Bitte,
  – Ihren Dank (Achtung: Formulieren Sie Dank immer konkret, weil er sonst als Floskel erlebt werden könnte).

---

4. Spezielle Techniken für die Gesprächsführung

In Mitarbeitergesprächen entstehen häufig Situationen, in denen spezielle Techniken hilfreich sind. Sie müssen zur mitarbeiterorientierten Gesprächsführung passen und leicht anwendbar sein.

In diesem Kapitel erhalten Sie eine Auswahl solcher Techniken. Zuerst werden Überzeugungstechniken für Führungskräfte beschrieben. Diesem Abschnitt wurde der größte Raum gewidmet, weil es ständig wichtiger wird, die Mitarbeiter zu überzeugen. Im folgenden Abschnitt wird die Fragetechnik behandelt. Hieran schließt sich die Darstellung von zwei Techniken an, mit denen Führungskräfte ihren Mitarbeitern die Aufnahme der Informationen erleichtern können. Den Abschluß bilden zwei Techniken, die insbesondere dazu dienen, die Kommunikation störungsfreier und entspannter zu gestalten.

4.1	Überzeugen des Mitarbeiters
4.1.1	Wie können Sie Ihren Mitarbeiter überzeugen? – Vorbereiten Ihrer Überzeugungsarbeit – Empfehlungen für die Vorbereitung – Überzeugen durch Persönlichkeit – Empfehlungen, mit denen Sie Ihre Überzeugungswirkung verstärken können – Überzeugen mit speziellen Techniken
4.1.2	Wie können Sie Fragen und Einwände Ihres Mitarbeiters behandeln? – Empfehlungen
4.2	Fragetechnik – Empfehlungen für das Formulieren von Fragen – Vier Fragearten im Überblick
4.3	Informationsbegleitung und Aufmerksamkeitswecker
4.4	Informationen visualisieren
4.5	Ich-Botschaften – Welche Vorzüge haben Ich-Botschaften? – Für welche Situationen sind Ich-Botschaften besonders geeignet? – Was ist beim Formulieren von Ich-Botschaften zu beachten?
4.6	Aktives Zuhören – Für welche Situationen ist das aktive Zuhören besonders geeignet?

4.1 Überzeugen des Mitarbeiters

Das Überzeugen des Mitarbeiters ist eine spezielle Aufgabe des Vorgesetzten. Sie besteht darin, bei seinem Mitarbeiter für den Inhalt und das Ziel des Mitarbeitergesprächs Zustimmung herbeizuführen. Das bedeutet im allgemeinen, den Mitarbeiter zu einem bestimmten Handeln oder Verhalten zu veranlassen.

Überzeugungsarbeit ist vor allem dann erforderlich, wenn Sie beim Mitarbeiter Widerstände abbauen müssen. Diese Widerstände können sich gegen den Inhalt Ihrer Information oder gegen Ihr Gesprächsziel richten. Bei diesen Widerständen sollten Sie auch berücksichtigen, daß Sie sie selbst durch Ihr aktuelles oder allgemeines Führungsverhalten verursacht haben können.

Ihre Überzeugungsarbeit ist insbesondere dadurch gekennzeichnet, daß Sie Ihre Aussagen begründen und beweisen müssen. In diesem Überzeugungsprozeß müssen Sie sich auch intensiv mit Fragen und Einwänden Ihres Mitarbeiters auseinandersetzen.

4.1.1 Wie können Sie Ihren Mitarbeiter überzeugen?

Seit Jahrtausenden beschäftigen sich Menschen mit Formen und Verfahren wirksamen Redens und Überzeugens. Eine Auswahl entsprechender Betrachtungen, Erfahrungen und Überlegungen erhalten Sie nachfolgend in der Form von Empfehlungen. Einige davon werden Ihnen bekannt vorkommen, weil sie ähnlich formuliert auch an anderen Stellen angeführt sind.

Vorbereiten Ihrer Überzeugungsarbeit

Ihre Argumentation muß einleuchtend und überzeugend sein. Es geht hier weniger um korrekte oder unkorrekte Beweisführung. Es geht vielmehr um stärkere oder schwächere Argumente. Und das hängt davon ab, inwieweit Ihre Darlegungen bei Ihrem Mitarbeiter Zustimmung finden.

Wenn Sie überzeugen wollen, brauchen Sie also Beweismittel, mit denen Sie begründen, beeindrucken, veranschaulichen und verdeutlichen können und für die Sie gleichzeitig bei Ihrem Mitarbeiter auf Zustimmung rechnen können.

Diese Beweismittel/Argumente können Sie ableiten aus

– betrieblichen Erfordernissen,
– der eigenen Erfahrung,
– dem gesunden Menschenverstand (allgemeingültige Erfahrungen),
– betrieblichen Grundsätzen und vertraglichen Vereinbarungen,

– Fakten, Untersuchungen, Statistiken,
– Aussagen von Experten und Wissenschaftlern und aus
– Normen aus Recht, Ethik und Moral.

Als Argument wird eine begründete Behauptung verstanden:

– *Gute Leistungen können jetzt zusätzlich belohnt werden, weil es ab ... eine entsprechende Betriebsvereinbarung gibt.* (Behauptung mit Begründung)
– *Weil es ab ... eine entsprechende Betriebsvereinbarung gibt, können gute Leistungen jetzt zusätzlich belohnt werden.* (Begründung mit Behauptung)
– *Bald wird es sich mehr als bisher lohnen, gute Leistungen zu erbringen. Am ... tritt nämlich eine entsprechende Betriebsvereinbarung in Kraft.* (Behauptung mit Begründung in Form von zwei Hauptsätzen)

Empfehlungen für die Vorbereitung

● Finden Sie zunächst den gemeinsamen Nenner. Überlegen Sie, in welchen Punkten Übereinstimmung besteht.

● Überlegen Sie, mit welchen Argumenten Sie Ihren Mitarbeiter am besten überzeugen können.

● Arbeiten Sie die wichtigen Punkte heraus, auf die Sie Ihre Überzeugungsarbeit konzentrieren wollen und sammeln Sie dafür Argumente.

● Suchen Sie eindrucksvolle Beispiele.

● Stellen Sie sich auf Unvorhersehbares ein, um flexibel reagieren zu können.

Überzeugen durch Persönlichkeit

Die Empfehlungen im Kasten auf der nächsten Seite helfen Ihnen, die Wirkung Ihrer Überzeugungskraft zu verstärken. Hierbei geht es vor allem um Ihre Glaubwürdigkeit und Ihr Kommunikationsverhalten. Diese zwei Aspekte Ihres Auftretens wirken häufig überzeugender als gut formulierte Argumente.

Geschickter Einsatz von Gesprächstechniken kann einen Mangel an eigener Überzeugung nicht ausgleichen.

Überzeugen mit speziellen Techniken

Die folgenden Empfehlungen, die sich in vielen Kommunikationssituationen gut bewährt haben, trifft man in ganz unterschiedlichen Anwendungsbereichen an, beispielsweise in der Werbung, in der Lernpsychologie und in der Motivationspsychologie. Sie sind in drei Gruppen zusammengefaßt:

(1) Mitarbeiterorientierte Empfehlungen
(2) Aufgabenorientierte Empfehlungen
(3) Empfehlungen, mit denen Sie die Zustimmung Ihres Mitarbeiters sichern können

Empfehlungen, mit denen Sie Ihre Überzeugungswirkung verstärken können

Sie verstärken Ihre Überzeugungswirkung bei Ihrem Mitarbeiter,
- wenn er Sie als Fachmann und Experten einschätzt,
- wenn er den Eindruck hat, daß Sie von Ihren eigenen Aussagen überzeugt sind,
- wenn er Sie als sympathisch erlebt,
- wenn er das Gesprächsklima als angenehm erlebt,
- wenn bei ihm der Eindruck entsteht, daß er viele Gemeinsamkeiten mit Ihnen hat; beispielsweise:
  - Gemeinsamkeiten hinsichtlich Ihres Auftretens, Ihrer Kleidung und ähnliches,
  - Gemeinsamkeiten hinsichtlich Ihrer Vorstellungen und Werthaltungen,
  - Gemeinsamkeiten hinsichtlich Ihrer Interessen, Bedürfnisse, Wünsche, Probleme.

(1) Mitarbeiterorientierte Empfehlungen

- Beteiligen Sie Ihren Mitarbeiter am Überzeugungsprozeß, denn die Meinungs- und Entscheidungsbildung kann um so stärker beeinflußt werden, je aktiver der Mitarbeiter an diesem Prozeß beteiligt ist.
- Zeigen Sie die Vorteile für Ihren Mitarbeiter auf; beispielsweise,
  - daß er dadurch wertvolle Erfahrungen sammeln kann,
  - daß er davon persönlichen oder beruflichen Erfolg haben wird,
  - daß er davon eine Steigerung seines Ansehens erleben wird.
- Sprechen Sie Gefühle Ihres Mitarbeiters an,
  - denn das Gefühl sagt häufig schneller ja als der Verstand,
  - denn das Gefühl kann mehr Energien mobilisieren als der Verstand, und
  - im Gefühl verankerte Vorhaben werden eher realisiert.
- Wecken Sie bei Ihrem Mitarbeiter Verständnis für Ihre Situation.
- Zeigen Sie Verständnis für die Gefühle Ihres Mitarbeiters.
- Verallgemeinern Sie nicht: *Immer machen Sie ...*
- Nehmen Sie mögliche Fragen und Einwände Ihres Mitarbeiters vorweg:
  - Fragen können Sie wie folgt vorwegnehmen: *Vermutlich werden Sie sich jetzt fragen, warum ...*
  - Einwände können Sie wie folgt vorwegnehmen: *Hier könnten Sie mir entgegenhalten .../Sie könnten hier einwenden ...*
- Rücken Sie Übertreibungen Ihres Mitarbeiters zurecht.
- Ignorieren Sie aggressive Äußerungen Ihres Mitarbeiters.
- Wenn Sie Ihre Aussagen weniger angreifbar machen wollen, dann leiten Sie Ihre Aussagen etwa so ein: *Nach meinem derzeitigen Informationsstand .../Aus meiner Sicht .../Ich schätze diese Situation so ein ...*

(2) Aufgabenorientierte Empfehlungen

- Halten Sie das Gespräch offen; vermeiden Sie frühzeitige Festlegungen.
- Wiederholungen eines griffigen Arguments können häufig besser sein, als immer neue Argumente, Erläuterungen und Beweise.
- Die zu Beginn und am Schluß gemachten Ausführungen bleiben am besten im Gedächtnis haften. Daher empfiehlt es sich, das beste Argument am Schluß, das zweitbeste am Anfang zu bringen.

(3) Empfehlungen, mit denen Sie die Zustimmung Ihres Mitarbeiters sichern können

- Betonen Sie übereinstimmende Punkte: *Ich freue mich, daß wir in diesem Punkt völlig übereinstimmen, Herr Jäger.*
- Formulieren Sie erreichte Zwischenergebnisse als gemeinsamen Erfolg.
- Sichern Sie Schritt für Schritt erzielte Einstimmigkeit.
- Verstärken Sie Beiträge Ihres Mitarbeiters, die Zustimmung signalisieren.
- Achten Sie auf Signale der Zustimmung, damit Sie nicht länger als nötig argumentieren und dadurch möglicherweise Ihren bereits erzielten Erfolg in Gefahr bringen.

Praxistip
Ziehen Sie immer wieder in Betracht, daß Widerstände Ihres Mitarbeiters lediglich eine Reaktion auf Ihr eigenes Verhalten sein können.

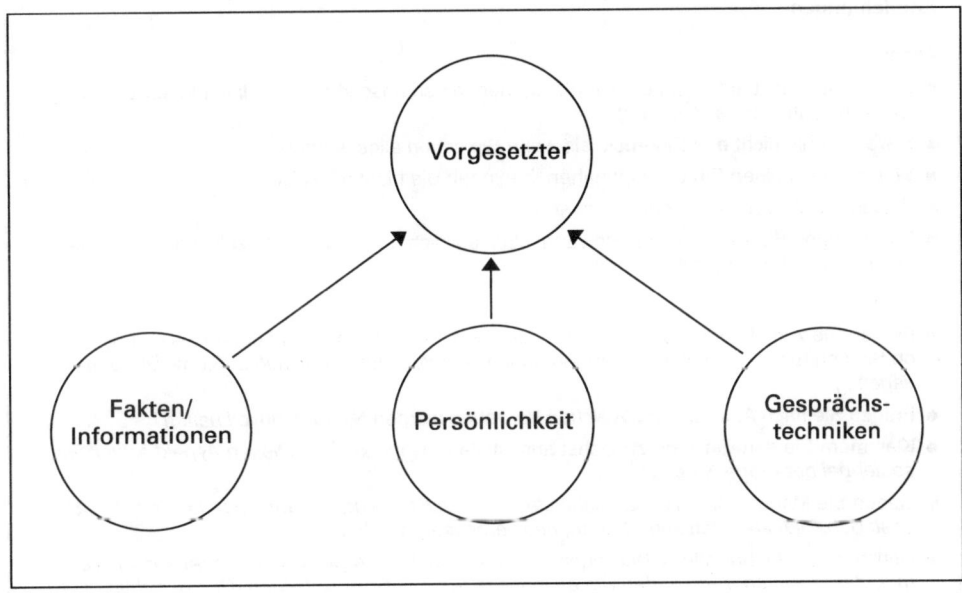

Die Quellen der Überzeugungskraft

4.1.2 Wie können Sie Fragen und Einwände Ihres Mitarbeiters behandeln?

Wer Fragen und Einwände äußert, bekundet Interesse am Thema. Begreifen Sie daher Fragen und Einwände Ihres Mitarbeiters als eine Chance, Informationslücken und Widerstände zu erkennen, und darauf gezielt einzugehen. Anders formuliert: Betrachten Sie Fragen und Einwände grundsätzlich als normale Gesprächsbeiträge. Denken Sie daran, daß Sie von Ihrem Mitarbeiter nicht nur an der Qualität Ihrer Argumente gemessen werden, sondern vor allem an der Art und Weise, wie Sie mit seinen Einwänden, mit seinen abweichenden Auffassungen umgehen.

Im allgemeinen ist es ratsam, jedes Gegenargument des Mitarbeiters ernst zu nehmen und – auch bei unfairen Angriffen – sachlich zu bleiben. Lassen Sie sich nicht provozieren. Lassen Sie sich aber auch nicht alles gefallen.

Nehmen Sie sich Zeit zum Nachdenken. Ihr Mitarbeiter erwartet nicht, daß Sie seine Fragen und Einwände wie aus der Pistole geschossen beantworten. Außerdem könnte durch schnelles Antworten der Eindruck beim Mitarbeiter entstehen, daß Sie Standardformulierungen anstelle von individuellen Antworten verwenden.

Empfehlungen

Allgemein

- Sie müssen nicht auf jeden Einwand eingehen, einen unschädlichen Einwand sollten Sie lediglich quittieren. (s. Kap. 3.3)
- Erwecken Sie nicht den Eindruck, als wenn Sie schon alles wüßten.
- Wenn Sie auf einen Einwand eingehen, beginnen Sie nicht mit NEIN.
- Zeigen Sie Verständnis für den Einwand.
- Beschäftigen Sie sich mit dem Einwand, statt lediglich Ihre Argumente zu wiederholen, die den Einwand hervorgerufen haben.

Speziell

- Fragen Sie zurück, um zusätzliche Informationen zu bekommen und um abzusichern, ob Sie den Einwand richtig verstanden haben: *Verstehe ich Sie richtig .../Sie wollen damit sagen ...*
- Fragen Sie nach Alternativen: *Welches Vorgehen würden Sie für sinnvoll halten?*
- Klammern Sie den Einwand zunächst aus, stellen Sie ihn zurück: *Diesen Aspekt sollten wir später bei der Frage X behandeln.*
- Geben Sie Mängel offen zu: *Ja, nicht alles ist ideal./Hier sind Sie auf einen heiklen Punkt gestoßen./Hier kann tatsächlich manches verbessert werden.*
- Nehmen Sie ablehnende Äußerungen auf: *Ich kann Ihren Ärger verstehen./Aus Ihrer Sicht muß das ... wirken./Bitte prüfen Sie es mal aus Sicht unserer Abteilung./Das ist richtig. Zunächst ist es zeitaufwendig, später jedoch werden Sie erleben ...*

Praxistip
Lassen Sie zutreffende Einwände Ihres Mitarbeiters gelten.

4.2 Fragetechnik

Der Zweck jeder Frage besteht in erster Linie darin, Informationen einzuholen. Fragen sind darüber hinaus ein ausgezeichnetes sprachliches Mittel, den Mitarbeiter am Gespräch zu beteiligen und das Gespräch unaufdringlich zu leiten.

Mit Fragen können Sie beispielsweise das Gespräch eröffnen, es in Gang halten, das Interesse Ihres Mitarbeiters auf den Gesprächsgegenstand lenken oder die Aufmerksamkeit Ihres Mitarbeiters erhalten und steigern.

»Wer fragt, der führt ...«, so sagt der Volksmund. Stellen Sie daher nicht zu viele Fragen: Der Mitarbeiter könnte das als starke Lenkung, ja als Bedrängen erleben.

Für Mitarbeitergespräche sind insbesondere folgende vier Fragearten wichtig:

– Offene Fragen
– Geschlossene Fragen
– Rangierfragen
– Spiegelungsfragen (Rückkopplungsfragen)

Eine spezielle Form der geschlossenen Frage ist die »Suggestivfrage«: *»Sie sind doch auch der Meinung, daß ...«*

Empfehlung: Gehen Sie mit dieser Frageart besonders sparsam um.

Praxistip
Geben Sie Ihrem Mitarbeiter nach jeder Frage Zeit zum Nachdenken.

Der Frage-Antwort-Prozeß

Empfehlungen für das Formulieren von Fragen:

● Lassen Sie Ihrem Mitarbeiter Freiräume, indem Sie vorwiegend offene Fragen stellen.
● Setzen Sie das Fragewort an den Satzanfang.
● Bilden Sie kurze Fragesätze.
● Formulieren Sie Ihre Fragen mitarbeiterorientiert.
● Stellen Sie jeweils nur eine Frage.
● Formulieren Sie umkehrbar (s. Kap. 3.4.3).

	Merkmale	Wirkung	Beispiele
Offene Fragen	– Sie beginnen mit einem Fragewort: Was, wer, wie, wo, usw. – Sie können nicht mit Ja oder Nein beantwortet werden. – Sie lassen Ihrem Mitarbeiter große Freiräume hinsichtlich des Inhalts und der Formulierung der Antwort.	– Sie ergeben eine große Informationsausbeute. – Sie werden als partnerschaftlich erlebt. – Sie werden als geringe Lenkung erlebt.	– *Welche Erfahrungen haben Sie mit ... gemacht?* – *Was meinen Sie dazu?* – *Wie denken Sie darüber?* – *Was ist geschehen?* – *Wie beurteilen Sie ...?*

Geschlossene Fragen	– Sie beginnen mit einem Verb.
	– Sie lassen nur wenig Antwortmöglichkeiten zu; im Regelfall Ja oder Nein.
		– Sie bringen geringe Informationsausbeute.
		– Sie zwingen zu eindeutiger Stellungnahme.
		– Sie werden als starke Lenkung erlebt.
		– Sie sind insbesondere dann angebracht,
		  – wenn Sie einzelne Fakten zusammentragen wollen,
		  – wenn Sie die Gedanken Ihres Mitarbeiters auf einen bestimmten Punkt lenken wollen.
			– *Haben Sie schon mit dem Personalchef gesprochen?*
			– *Paßt es Ihnen am Freitag um 13.30 Uhr?*
			– *Wären Sie mit dieser Lösung einverstanden?*
			– *Ist das so?*
			– *Können Sie das bestätigen?*

Rangierfragen	– Können sowohl mit einem Fragewort als auch mit einem Verb beginnen.	– Sie helfen, das Gespräch auf den Gesprächsgegenstand/ auf das Wesentliche zu konzentrieren.	– *Ich stimme mit Ihnen überein, Herr Huber, aber sollten wir uns nicht wieder dem vereinbarten Thema widmen?* – *Wollen wir nicht erst diesen Punkt besprechen?* – *Über welche Punkte Ihres Problems, Frau Schäfer, sind wir einer Meinung?*
Spiegelungsfragen (Rückkopplungsfragen)	– Beginnen im Regelfall nicht mit einem Fragewort. Geben Inhalte vorangegangener Aussagen des Gesprächspartners wieder.	– Signalisieren Anteilnahme. – Sichern gegenseitiges Verstehen. – Verhindern, daß aneinander vorbeigeredet wird. – Wirken klimaverbessernd. – Vermindern Mehrdeutigkeit.	– *Sie sind also der Auffassung, daß ...?* – *Wenn ich Sie recht verstehe, meinen Sie ...?* – *Sie halten es also für denkbar, daß ...?* – *Wollen Sie damit sagen, daß ...?*

Vier Fragearten im Überblick

4.3 Informationsbegleitung und Aufmerksamkeitswecker

Informationsbegleitung besteht aus zielorientiert eingesetzter »überflüssiger« Information. Mit ihr können Sie die Kommunikation störungsfreier gestalten, weil sie Ihrem Mitarbeiter hilft, Ihre Information richtig einzuordnen. Diese Kommunikationstechnik wird auch als »Paraphrasieren« bezeichnet.

Beispiel: *Herr Schäfer, ich möchte jetzt einen Punkt ansprechen, der mir sehr wichtig ist.* Außer den Worten »Herr Schäfer« könnte man alle anderen Worte als überflüssig bezeichnen, und doch sind diese Worte nicht nutzlos. Sie haben nämlich den Zweck, Ihren Mitarbeiter für Ihre wichtige Mitteilung aufnahmebereit zu machen.

Die Informationsbegleitung steht immer vor der eigentlichen Information. Die Informationsbegleitung wird danach unterschieden, ob sie eher auf den Gesprächsgegenstand oder eher auf die Person gerichtet ist.

Beispiele für Informationsbegleitung	
Auf den Gesprächsgegenstand gerichtet	Auf die Person gerichtet
– Ich werde versuchen, meine Aussagen zu konkretisieren. – Sind Sie einverstanden, wenn ich zunächst meinen Eindruck beschreibe? – Ich will es einmal zugespitzt formulieren.	– Ich kann verstehen, wenn Sie auf die folgende Frage nicht antworten. – Halten Sie mich bitte nicht für starrköpfig, wenn ich meine Frage wiederhole. – Ich muß zugeben, daß ich hierbei an unsere letzte Auseinandersetzung denke.

Informationsbegleitung können Sie auch dazu benutzen, um zunächst die Aufnahmebereitschaft Ihres Mitarbeiters zu wecken. Daher wird diese spezielle Form der Informationsbegleitung auch als »Aufmerksamkeitswecker« bezeichnet. Sie sind besonders für folgende Situationen geeignet:

– Wenn Sie Ihrem Mitarbeiter etwas mitteilen oder eine Frage stellen wollen, während er arbeitet.
– Wenn Sie Ihrem Mitarbeiter telefonisch etwas mitteilen oder eine Frage stellen wollen.
– Wenn Sie ein kleines Mitarbeitergespräch am Arbeitsplatz Ihres Mitarbeiters führen wollen (s. Kap. 5.1).

Beispiele für »Aufmerksamkeitswecker«, die sich auch gut in der Einleitung bei Telefongesprächen verwenden lassen

Frau Schäfer, ich habe eine wichtige Information für Sie...

Herr Huber, ich möchte Ihnen etwas Eiliges mitteilen...

Guten Tag, Herr Jäger, es geht um den Vorgang X...

4.4 Informationen visualisieren

Lesetip
Will, Mit den Augen lernen,
Weinheim und Basel 1991

Mündliche Informationen werden besser aufgenommen, verarbeitet und behalten, wenn sie zusätzlich optisch gestützt sind. Daher empfehlen wir Ihnen, so viel wie möglich zu visualisieren.

Ihnen erleichtert die Visualisierung, das Gespräch zielorientiert zu führen und die Aufmerksamkeit Ihres Mitarbeiters auf den Gesprächsgegenstand zu konzentrieren. Ihrem Mitarbeiter erleichtert die Visualisierung, Ihre Informationen aufzunehmen und sich zielorientiert am Gespräch zu beteiligen. Visualisierung kommt insbesondere solchen Mitarbeitern entgegen, die Informationen vorzugsweise mit den Augen aufnehmen.

Zur Visualisierung können Sie vorhandenes und speziell vorbereitetes Material verwenden. Sie können jedoch auch schriftliches Material während des Gesprächs entwickeln, und zwar allein oder gemeinsam mit Ihrem Mitarbeiter.

Zum vorhandenen oder speziell vorbereiteten Material gehören:

Originale Gegenstände oder deren Nachbildungen, beispielsweise Werkzeugteile, Teile einer PC-Konfiguration, Produkte des eigenen Unternehmens oder der Mitbewerber. Schriftliches Material, beispielsweise Schemata, Schaltpläne, Diagramme, Formulare, Schriftwechsel, Verträge, Berechnungen oder Statistiken.

Praxistip
Visualisieren Sie verständlich und einprägsam, indem Sie sich auf das Wesentliche konzentrieren.

Während des Gesprächs können Sie beispielsweise folgendes entwickeln oder aufschreiben:

– Skizzen oder Zeichnungen von Prozessen, Abläufen und anderen komplizierten Zusammenhängen.
– Einfache Berechnungen.
– Pro- und Contra-Argumente.

Häufig ist es sinnvoll, daß nicht Sie, sondern Ihr Mitarbeiter diese Zeichnungen, Skizzen usw. während des Gesprächs anfertigt.

4.5 Ich-Botschaften

Mit Ich-Botschaften informieren Sie Ihren Mitarbeiter darüber, wie Sie die aktuelle Situation aus Ihrer Warte sehen. Sie sagen ihm, welche Gefühle, Empfindungen und Gedanken sein Verhalten/seine Leistung bei Ihnen ausgelöst hat. Diese Gefühle usw. können positiv oder negativ sein. Nach meinen Erfahrungen benutzen Vorgesetzte Ich-Botschaften vorzugsweise dann, wenn der Mitarbeiter in ihnen negative Gefühle hervorgerufen hat.

Bei der Ich-Botschaft überwiegt der Selbstdarstellungsaspekt (s. Kap. 8.2.1). Die Ich-Botschaft enthält keine Bewertung, denn sie spiegelt die innere Wirklichkeit wider. Sie kann richtig oder falsch sein. Für Sie als Sender der Ich-Botschaft ist deren Inhalt eine Tatsache.

Wenn Sie Ihrem Mitarbeiter sagen: *Es behindert mich, wenn ich nicht ausreden darf. Ich befürchte nämlich, daß dadurch wichtige Informationen unausgesprochen bleiben,* berücksichtigen Sie, daß Ihr Mitarbeiter vielleicht gar nicht merkt, wie Sie sein Kommunikationsverhalten erleben. Mit Ihrer Ich-Botschaft spiegeln Sie ihm die Wirkung seines Verhaltens wider und eröffnen ihm gleichzeitig die Möglichkeit, sein Verhalten (aus freien Stücken) zu ändern. Das Gegenteil der Ich-Botschaft ist die Du-Botschaft (Du-Aussage). Sie könnte in diesem Fall lauten: *Bitte lassen Sie mich ausreden.* Oder *Bitte unterbrechen Sie mich nicht.*

Welche Vorzüge haben Ich-Botschaften?

Mit Ich-Botschaften können Sie

- Ihre Beziehung zu Ihrem Mitarbeiter verbessern,
- das Betriebsklima verbessern,
- die Kommunikation spannungsfreier machen,
- Ihrem Mitarbeiter mehr Verhaltenssicherheit geben,
- Ihrem Mitarbeiter helfen, die Wirkung seines Verhaltens besser einzuschätzen,
- Ihrem Mitarbeiter die Chance bieten, Sie besser kennenzulernen,
- Ihren Mitarbeiter in behutsamer Form korrigieren,
- Kommunikationsstörungen vermeiden, die leicht entstehen können, wenn Sie negative Kritik oder bestimmte Wünsche direkt aussprechen.

Ich-Botschaften sind hervorragend geeignet, die Kernaussage dieses Buches zu realisieren. Erfahrungsgemäß werden Ich-Botschaften vom Mitarbeiter als ein Zeichen der Wertschätzung erlebt.

Ich-Botschaften sind umkehrbar, denn Ihr Mitarbeiter kann derartige Aussagen in gleicher Weise Ihnen gegenüber machen, ohne die Zusammenarbeit zu beeinträchtigen oder gegen die ungeschriebenen Regeln des Takts zu verstoßen. Dadurch, daß Sie Ihre eigenen Gefühle und Empfindungen ausdrücken, übermitteln Sie Ihrem Mitarbeiter zusätzlich: Ich bin nicht nur Vorgesetzter, ich bin ebenfalls ein Individuum mit Gefühlen, Wünschen usw. Soweit Sie eine Änderung des Verhaltens Ihres Mitarbeiters anstreben: Mit Ich-Botschaften überlassen Sie Ihrem Mitarbeiter die Verantwortung dafür.

Für welche Situationen sind Ich-Botschaften besonders geeignet?

– Wenn Sie Ihrem Mitarbeiter sagen wollen, daß seine Leistung dem Soll entspricht oder über dem Soll liegt.
– Wenn Sie Ihrem Mitarbeiter mitteilen wollen, daß seine Leistung die Norm unterschreitet.
– Wenn Sie ein Verhalten Ihres Mitarbeiters bewerten wollen, für das Ihnen der Beurteilungsmaßstab fehlt.
– Wenn Ihr Mitarbeiter sich in einer gemeinsamen Kommunikationssituation besonders geschickt und sachdienlich verhält.
– Wenn Ihr Mitarbeiter sich Ihnen gegenüber unangemessen verhält.

Was ist beim Formulieren von Ich-Botschaften zu beachten?

Bevor Sie eine Ich-Botschaft formulieren, sollten Sie sich fragen:

– Was geht in mir vor?
– Was erwarte ich von meinem Mitarbeiter?
– Was möchte ich verstärken und fördern?

Beschreiben Sie das Verhalten Ihres Mitarbeiters, das Ihre Ich-Botschaft auslöst, konkret und neutral.

Sprechen Sie Ich-Botschaften unmittelbar aus, dann sind sie am wirkungsvollsten.

Ich-Botschaften bestehen im allgemeinen aus drei Teilen, nämlich:

(1) Der Beschreibung des positiven oder störenden Verhaltens Ihres Mitarbeiters.
(2) Der Beschreibung der dadurch ausgelösten Gefühle, Empfindungen, Gedanken: *Ich freue mich./Ich ärgere mich./Ich mache mir Sorgen über Ihre Zukunft./Ich bin enttäuscht./Ich denke gerade an das gemeinsam bewältigte Problem X .*
(3) Der Begründung, warum Sie sich über das positive Verhalten freuen oder warum das angesprochene Verhalten ein Problem für Sie darstellt.

Ihre Ich-Botschaften müssen nicht immer aus diesen drei Teilen bestehen. Häufig reicht es aus, wenn Ihre Ich-Botschaft lediglich zweierlei beschreibt, nämlich das positive oder störende Verhalten sowie die Gefühle, Empfindungen, Gedanken, die dadurch in Ihnen ausgelöst worden sind.

4.6 Aktives Zuhören

Aktives Zuhören ist eine Technik, mit der Sie Ihrem Mitarbeiter helfen können, sich zu äußern, und die Ihnen hilft, Ihren Mitarbeiter und dessen aktuelles Problem besser zu verstehen. Aktives Zuhören beruht auf der Grundeinstellung, die dem Gesprächspartner zu verstehen gibt: Ich will versuchen, mich in Deine Situation zu versetzen.

Den inneren Zustand eines Gesprächspartners, seine Wünsche und Bedürfnisse können wir selten direkt erfahren. Niemand kann mit Sicherheit sagen, von welchem Standpunkt, von welchen Vorstellungen der Gesprächspartner ausgeht. Nur er allein weiß, was in ihm vorgeht und was er ausdrücken will. Deshalb brauchen wir die Hilfe unseres Gesprächspartners, wenn wir seine Gedanken- und Erlebniswelt verstehen und seine Botschaften entschlüsseln wollen.

So können sich beide Schritt für Schritt zum Kern des Problems, das dem Mitarbeiter Sorgen bereitet, vortasten (s. nebenstehendes Beispiel). In diesem Fall könnte das Problem des Mitarbeiters beispielsweise darin bestehen, daß dessen Ehefrau ständiger Pflege bedarf. Die wäre jedoch nicht in dem erforderlichen Umfang gewährleistet, wenn er täglich zur Zentrale nach B-Stadt fahren müßte.

Beispiel

Mitarbeiter zum Vorgesetzten: *Ich habe gehört, daß unsere Zweigstelle im nächsten Jahr aufgelöst werden soll. Weshalb spricht niemand mit uns darüber?*

Vorgesetzter: *Ich habe den Eindruck, daß Sie dieses Gerücht beunruhigt.*

Mitarbeiter: *Ja, ich bin schließlich schon fünfundfünfzig Jahre alt.*

Vorgesetzter: *Wenn ich Sie recht verstehe, machen Sie sich Sorgen um Ihre Zukunft?*

Für welche Situationen ist das aktive Zuhören besonders geeignet?

– Bei heiklen, problematischen Themen aus der Sicht des Mitarbeiters.
– Bei persönlichen Problemen des Mitarbeiters.
– In solchen Situationen, innerhalb eines Mitarbeitergesprächs, bei denen der Gesprächsfluß stockt, weil der Mitarbeiter sich nicht mehr aktiv am Gespräch beteiligt.

Allgemeine Empfehlungen

– Zeigen Sie nicht, wie scharfsinnig und logisch Sie denken können, sondern konzentrieren Sie sich darauf, wie Ihr Mitarbeiter sein Problem/seine Situation erlebt; es geht nämlich weniger um die äußeren Tatsachen und Umstände.
– Zeigen Sie Wertschätzung.
– Verhalten Sie sich wesensgemäß und situationsgerecht.
– Geben Sie Formulierungshilfen.
– Nehmen Sie sich Zeit.
– Vermeiden Sie, das Gespräch direkt zu lenken. Aktives Zuhören wird auch als »nichtdirektive Gesprächsführung« bezeichnet. Formulieren Sie beispielsweise: *Wenn ich Sie richtig verstehe, besteht Ihr Gefühl darin, daß ...* anstelle von *Aus meiner Sicht ... / Wenn Sie zustimmen, können wir zuerst ...*

Spezielle Empfehlungen

– Zeigen Sie, daß Sie zuhören, und quittieren Sie Beiträge Ihres Mitarbeiters.
– Blicken Sie den Mitarbeiter erwartungsvoll an und ertragen Sie Sprechpausen.
– Beschreiben Sie, wie Sie das Gesagte verstanden haben: *Ich habe herausgehört, daß* ...
– Stellen Sie offene Fragen: *Was macht Ihnen Sorgen?*
– Sprechen Sie Ihre (positiven) Gefühle aus.
– Geben Sie den Inhalt seines Gesprächsbeitrags mit eigenen Worten wieder (Paraphrasieren): *Sie haben gerade gesagt,* ...
– Fassen Sie Hauptaussagen Ihres Mitarbeiters zusammen, um eine weitere Grundlage für die aktuelle Gesprächsfortsetzung zu schaffen.
– Sprechen Sie die Gefühlslage Ihres Mitarbeiters an: *Es hört sich an, als ob Sie darüber verärgert sind.*

5. Besonderheiten der kleinen Mitarbeitergespräche

Bei den kleinen Mitarbeitergesprächen sind Anlässe, Ziele, Inhalte, Situationen und Dauer sehr unterschiedlich, ja geradezu unüberschaubar. Die kleinen Mitarbeitergespräche haben jedoch auch viele Gemeinsamkeiten, eine davon sind ihre Anwendungsfelder. Diese Anwendungsfelder eignen sich besonders gut, um die kleinen Mitarbeitergespräche zu bündeln.

Aus diesen Anwendungsfeldern habe ich drei Gruppen gebildet, denen sich nahezu alle kleinen Mitarbeitergespräche zuordnen lassen. So entstand folgende Einteilung:

– Steuern des Betriebsablaufs.
– Mitteilen von Kontrollergebnissen.
– Kontakt- und Beziehungspflege mit dem Mitarbeiter.

5.1	Steuern des Betriebsablaufs – Empfehlungen für die Gesprächsvorbereitung – Empfehlungen für die Gesprächsführung
5.2	Mitteilen von Kontrollergebnissen – Welche Bedeutung haben Gespräche zum Mitteilen von Kontrollergebnissen?
5.2.1	Die Leistung entspricht dem Soll – Empfehlungen für die Gesprächsvorbereitung – Empfehlungen für die Gesprächsführung
5.2.2	Die Leistung überschreitet das Soll – Empfehlungen für die Gesprächsführung
5.2.3	Die Leistung unterschreitet das Soll – Das Korrekturgespräch – Empfehlungen für die Gesprächsvorbereitung – Empfehlungen für die Gesprächsführung
5.3	Kontakt- und Beziehungspflege mit dem Mitarbeiter – Allgemeine Empfehlungen – Gesprächsanlässe für die Kontakt- und Beziehungspflege – Empfehlungen für die Gesprächsführung

Hinweis

Die Gespräche mit gleichgeordneten Kollegen zählen aus meiner Sicht zu den kleinen Mitarbeitergesprächen, denn sie weisen im allgemeinen deren Merkmale auf.

Die Empfehlungen und Hinweise aus den vorherigen Kapiteln werden hier auf die Besonderheiten der kleinen Mitarbeitergespräche ausgerichtet und ergänzt. Jeder Vorgesetzte erlebt es täglich, und wissenschaftliche Untersuchungen bestätigen es: Die häufigsten Mitarbeitergespräche werden in betrieblichen Alltagssituationen geführt.[*] Diese Gespräche in betrieblichen Alltagssituationen bezeichne ich als »kleine Mitarbeitergespräche« (s. Kap. 1.)

Zu Ihrer Erinnerung und damit Sie die kleinen Gespräche besser gegen die großen Gespräche abgrenzen können, erhalten Sie in der folgenden Abbildung die Merkmal-Zusammenstellung, die Sie bereits in Kapitel 1 gesehen haben.

Merkmale der Mitarbeitergespräche	
Kleine Mitarbeitergespräche	**Große Mitarbeitergespräche**
– Sie werden vorwiegend für Routineangelegenheiten eingesetzt.	– Sie werden in besonderen Führungssituationen eingesetzt.
– Sie werden in erster Linie spontan geführt.	– Sie werden im Regelfall nicht spontan geführt.
– Sie finden häufig am Arbeitsplatz des Mitarbeiters statt.	– Sie finden meistens im Büro des Vorgesetzten statt.
– Sie sind von kurzer Dauer.	– Sie sind von längerer Dauer.
– Sie sind nicht formalisiert.	– Sie sind weitgehend formalisiert und stehen für bestimmte formelle Anlässe.

Kleine Mitarbeitergespräche können sich zu großen Mitarbeitergesprächen entwickeln. Dies geschieht beispielsweise dann, wenn Ihr Mitarbeiter nicht bereit ist, Ihren Auftrag auszuführen oder wenn er nicht einsehen will, daß er in Zukunft eine bessere Leistung bringen muß. In diesen Fällen müssen Sie Überzeugungsarbeit leisten (s. Kap. 4.1). Stellen Sie sich daher auch bei kleinen Mitarbeitergesprächen situationsgerecht auf Widerspruch und Einwände Ihres Mitarbeiters ein.

---

[*] Empirische Untersuchungen besagen: Das vom Vorgesetzten initiierte, ungeplante, kurze Anleiten von Mitarbeitern ist der häufigste Typ kommunikativen Verhaltens in der Personalführung. Nach: Peter Winterhoff-Spurk, Jürgen Geißler und Joachim Grabowski-Gellert: Vom Lob der Direktheit: Wirkungen sprachlicher Merkmale des Führungsverhaltens; Zeitschrift für Arbeits- u. Organisationspsychologie (1987).

5.1 Steuern des Betriebsablaufs

Im betrieblichen Alltag entstehen immer wieder Situationen, die Steuerungsaktivitäten des Vorgesetzten erfordern. Häufigste Ursache hierfür sind Störungen des Betriebsablaufs sowie plötzlich eintretende Änderungen von Zielen und Prioritäten. In diesen und vielen anderen Fällen wird das kleine Mitarbeitergespräch eingesetzt, um diese betrieblichen Alltagssituationen insbesondere durch kleine Aufträge an einzelne Mitarbeiter zu regeln.

Im folgenden ist eine kleine Auswahl derartiger Gesprächsanlässe aufgeführt.

– Dem Mitarbeiter A sagen, daß er die Statistik schon zwei Tage früher als vereinbart abliefern soll.
– Der Mitarbeiterin B sagen, daß sie gleich die Firma Y anrufen soll, um ...
– Den Mitarbeiter C fragen, wie sich die Geschäftsbeziehungen mit dem Kunden Y entwickelt haben.
– Mit der Kollegin D aus der Produktionsabteilung die Liefertermine für das neue Produkt vereinbaren.

Diese Gespräche bestehen häufig aus wenigen Worten. In vielen Fällen entsteht nicht einmal ein Gespräch, an dem der Mitarbeiter gleichrangig beteiligt werden kann. Das ist besonders augenfällig bei Routineaufträgen, die der Mitarbeiter sofort versteht und akzeptiert. In diesen Fällen kann der Gesprächsanteil des Mitarbeiters lediglich in einer sprachlichen oder nichtsprachlichen Bestätigung des Auftrags bestehen.

Empfehlungen für die Gesprächsvorbereitung

Für die Vorbereitung eines kleinen Mitarbeitergesprächs gelten – entsprechend vereinfacht – die Ausführungen des Kapitels 7 sowie die Ausführungen zum Gesprächsphasenkonzept »Auftrag erteilen« (s. Kap. 6.2.1). Daher finden Sie an dieser Stelle nur wenige Hinweise:

Empfehlungen für die Gesprächsführung

- Stellen Sie zunächst die Aufmerksamkeit Ihres Mitarbeiters sicher: Hierzu eignen sich insbesondere sogenannte Aufmerksamkeitswecker (s. Kap. 4.3).
- Nennen Sie den Anlaß Ihres Auftrags.
- Formulieren Sie so, daß Ihr Mitarbeiter zu Rückfragen ermuntert wird.
- Stellen Sie durch Rückfragen sicher, daß Ihr Mitarbeiter den Auftrag verstanden hat.
- Sagen Sie Ihrem Mitarbeiter, daß es sich um eine zusätzliche Arbeit handelt.
- Vereinbaren Sie, ob Ihr Mitarbeiter die Erledigung melden soll.

Hinweis

Einige der nachfolgenden Empfehlungen werden Ihnen bekannt sein, weil sie, ähnlich formuliert, auch an anderen Stellen angeführt sind. Diese Überschneidungen betreffen solche Empfehlungen aus anderen Kapiteln, die sich besonders gut für die kleinen Mitarbeitergespräche eignen.

Was sollten Sie sich vor dem Gespräch unbedingt fragen:

- Inwieweit ist der Mitarbeiter für diese Aufgabe geeignet?
- Wie sieht die aktuelle Arbeitssituation des Mitarbeiters aus?
- Wie groß wird der Zeitaufwand für die Auftragserfüllung sein?
- Inwieweit soll ich den Auftrag begründen?

5.2 Mitteilen von Kontrollergebnissen

Eine wichtige Aufgabe jeder Führungskraft ist das Kontrollieren der Aufgabenerfüllung. Sie entspricht einem Soll-Ist-Vergleich, und zwar hinsichtlich der Leistung und/oder hinsichtlich des Verhaltens.

Kontrollen sind erforderlich, um dem Mitarbeiter sagen zu können, ob er die vorgegebene Leistung erbringt, überschreitet oder unterschreitet, ob er das gewünschte Verhalten[*] zeigt oder davon positiv oder negativ abweicht.

Das formale Kontrollergebnis kann darin bestehen,

- daß die Leistung dem Soll entspricht (5.2.1),
- daß die Leistung das Soll überschreitet (5.2.2),
- daß die Leistung das Soll unterschreitet (5.2.3).

Jedes der drei formalen Kontrollergebnisse stellt spezielle Anforderungen an die Gesprächsführung der Führungskraft, daher ist jedem von ihnen ein ganzer Abschnitt gewidmet. Die Kontrollergebnisse werden dem Mitarbeiter im allgemeinen unmittelbar nach der Kontrolle mitgeteilt. Diese Mitteilung der Kontrollergebnisse mit oder ohne Erörterung findet im Regelfall in einem kleinen Mitarbeitergespräch statt.

Daneben entstehen auch Situationen, in denen der Vorgesetzte seinem Mitarbeiter Rückmeldungen über seine Leistungen gibt, ohne daß eine Kontrolle vorausgegangen ist: Der Anlaß kann beispielsweise die zufällige Beobachtung einer außergewöhnlich guten Leistung, eines besonders geschickten Verhaltens gegenüber einem Kunden oder ein unangemessenes Verhalten gegenüber einem Kunden sein. Für diese kleinen Mitarbeitergespräche gelten die Ausführungen dieses Kapitels ebenfalls.

Vermutlich wird es Ihnen leichter fallen, Ihren Mitarbeiter zu loben, als ihn zu korrigieren oder zu kritisieren. Jedoch auch Loben will gelernt sein.

---

[*] Anm.: Um die folgenden Ausführungen lesbarer zu machen, verwenden wir den Begriff Leistung auch als Synonym für Verhalten.

Eine Besonderheit gibt es dann, wenn das formale Kontrollergebnis eine Soll-Unterschreitung ausweist. Für das entsprechende kleine Mitarbeitergespräch scheint sich der Name »Korrekturgespräch« herauszubilden. Er beschreibt aus meiner Sicht sehr gut die Gesprächsintention.

Welche Bedeutung haben Gespräche zum Mitteilen von Kontrollergebnissen?

Die Informationen über die Kontrollergebnisse geben dem Mitarbeiter Verhaltenssicherheit, denn er bekommt dadurch Antworten auf die Fragen:

- Kann ich so weitermachen wie bisher?
- Was muß ich ändern?
- Wie schätzt der Vorgesetzte meine Leistungen ein?

> **Von einem guten Kompliment kann ich zwei Monate leben.**
> *Mark Twain*

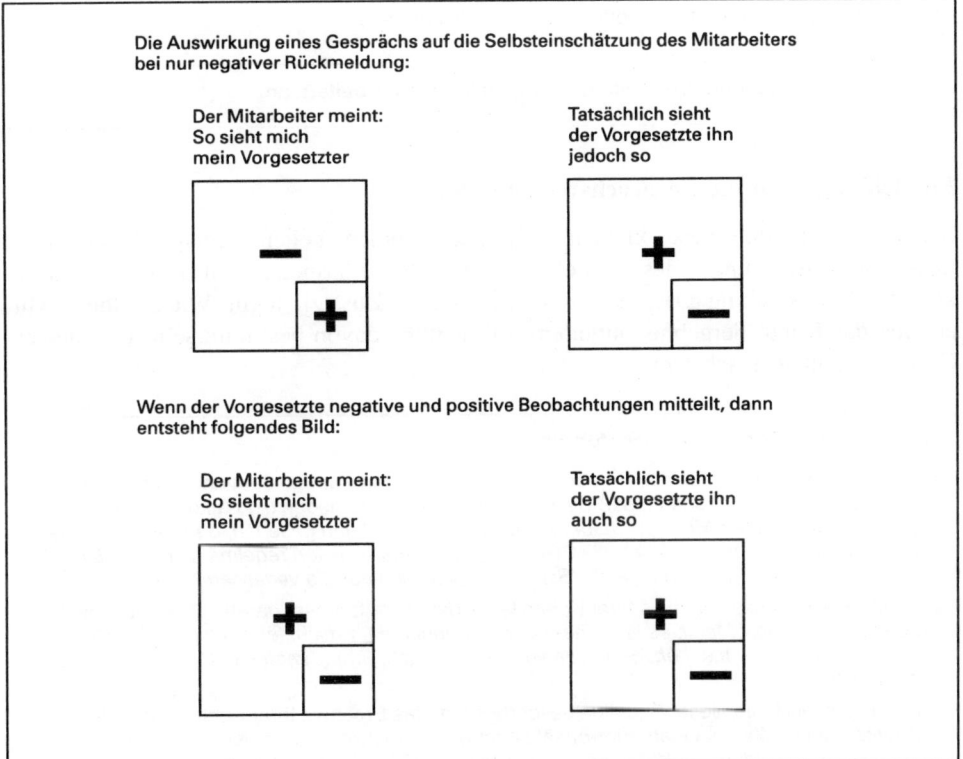

Die Auswirkung dieser Gespräche auf das Selbstbild Ihres Mitarbeiters

Diese kleinen Mitarbeitergespräche erleichtern es, Beurteilungsgespräche zu führen. Die schriftliche Beurteilung bestätigt dann nur noch das, was Sie mit Ihrem Mitarbeiter bereits in den vielen kleinen Gesprächen besprochen haben. Diese kleinen Mitarbeitergespräche beeinflussen auch sehr stark das Bild, das sich Ihr Mitarbeiter von Ihnen gemacht hat. Denn von diesen Gesprächen leitet Ihr Mitarbeiter unter anderem ab, inwieweit Sie ihn gerecht behandeln.

5.2.1 Die Leistung entspricht dem Soll

Der Mitarbeiter muß eine Leistung erbringen, die der Norm oder dem Soll entspricht. Unter »normgerecht« verstehen wir eine mittlere Leistung. Diese Leistung wird leider häufig als nicht anerkennenswert betrachtet, weil Vorgesetzte sagen, daß der Mitarbeiter schließlich vertraglich dazu verpflichtet sei, eine normgerechte Leistung zu erbringen. Das trifft zu, jedoch – ist Vertragstreue denn nicht lobenswert?

> **Erkennen Sie auch normgerechte Leistungen Ihres Mitarbeiters an.**

Empfehlungen für die Gesprächsvorbereitung

Für die Vorbereitung dieses kleinen Mitarbeitergesprächs gelten – entsprechend vereinfacht – die Ausführungen des Kapitels 7 sowie die Ausführungen zum Gesprächsphasenkonzept »Anerkennung aussprechen« (s. Kap. 6.2.4). Zusätzlich gilt: Wie Sie Ihrem Mitarbeiter das Kontrollergebnis mitteilen, soll deutlich davon bestimmt sein, wie Sie sein Gesamtverhalten einschätzen.

Empfehlungen für die Gesprächsführung

- Formulieren Sie zunächst das Ergebnis Ihrer Kontrolle, und zwar konkret und neutral. Sagen Sie Ihrem Mitarbeiter sodann, daß Sie mit seiner Leistung zufrieden sind (und daß Sie sich darüber freuen): *Herr Meier, ich habe Ihre Umsätze geprüft und gesehen, daß sie im mittleren Bereich liegen: Ich bin zufrieden./Ihre Gruppe, Frau Schäfer, liefert regelmäßig die geplante Menge in der gewünschten Qualität: Schön, daß ich mich auf Sie verlassen kann.*

- Formulieren Sie das Ergebnis Ihrer Kontrolle so, daß Ihr Mitarbeiter daraus eine Anerkennung ableiten kann: *Herr Meier, es ist immer wieder angenehm für mich, festzustellen, daß Sie die geplanten Umsätze machen./Schon im voraus wußte ich, Frau Schäfer, daß bei Ihnen alles okay sein würde.*

- Häufig entspricht es dieser Situation besonders gut, das Ergebnis Ihrer Kontrolle und die Anerkennung dafür mit einem Einwortsatz oder nichtsprachlich mitzuteilen: *Als Einwortsatz: Gut, Schön, In Ordnung, okay, prima .../*In nichtsprachlicher Form: Anlächeln, Nicken, entsprechende Handzeichen, entsprechende Mimik, auf die Schulter klopfen (wenn das in Ihrem Bereich üblich ist).

5.2.2 Die Leistung überschreitet das Soll

Wenn die Leistung eines Mitarbeiters das Soll überschreitet, hat er sich Ihre Anerkennung verdient. In Ausnahmefällen kann anstelle eines kleinen Mitarbeitergesprächs das große Mitarbeitergespräch »Anerkennung aussprechen« (s. Kapitel 6.2.4) die situationsgemäße Gesprächsform sein.

Ein Anerkennungsgespräch kann dann angemessen sein, wenn der Mitarbeiter

- eine herausragende Leistung erbracht hat,
- sich besonders positiv verhalten hat,
- trotz erheblicher Schwierigkeiten eine besonders zuverlässige Leistung erbracht hat.

Das kleine Mitarbeitergespräch dürfte in allen anderen Fällen die angemessene Form sein.

Empfehlungen für die Gesprächsführung

- Formulieren Sie zunächst das Ergebnis Ihrer Kontrolle konkret und neutral. Loben Sie anschließend in angemessener Form, indem Sie Ihrem Mitarbeiter sagen, wie Sie seine Leistung bewerten: Beispielsweise als gut, präzis, lobenswert, ungewöhnlich, beispielhaft, (weit) über dem Durchschnitt liegend, sich deutlich hervorhebend usw.

- Sie können jedoch auch umgekehrt vorgehen: Formulieren Sie zuerst Ihr Lob in angemessener Form und nennen Sie anschließend Ihr Kontrollergebnis.

- Sagen Sie Ihrem Mitarbeiter, daß Sie sich über seine guten Leistungen freuen, daß Sie stolz auf ihn sind.

- Zeigen Sie Verständnis für die Wirkung Ihres Lobs und sprechen Sie die Gefühle Ihres Mitarbeiters an: *Ich kann gut verstehen, Herr Scholz, daß Sie sich darüber freuen. Sie haben auch allen Grund dazu./Ich freue mich mit Ihnen.*

5.2.3 Die Leistung unterschreitet das Soll

Insbesondere diese Situation bereitet Führungskräften häufig Schwierigkeiten. Es fällt ihnen schwer, den Mitarbeiter zu kritisieren. Wer sagt dem Mitarbeiter schon gern etwas Unangenehmes! Jeder weiß, daß die meisten Menschen sich nur ungern kritisieren lassen, denn Kritik wird häufig als Angriff auf das Selbstwertgefühl und daher als schmerzhaft erlebt. Kritik ist jedoch ein notwendiges Führungsmittel. Kritik sollte dann ausgesprochen werden, wenn die Leistung des Mitarbeiters das Soll unterschreitet.

Wie bereits erwähnt, kann dieses kleine Mitarbeitergespräch als »Korrekturgespräch« bezeichnet werden.

Das Korrekturgespräch

Das Korrekturgespräch bietet Ihnen vielfältige Möglichkeiten. Sie reichen von einem nichtsprachlichen Hinweis bis zu einem kurzen Gespräch, so daß Sie es grundsätzlich bei allen Soll-Unterschreitungen Ihres Mitarbeiters einsetzen können.

In Ausnahmefällen kann anstelle eines kleinen Mitarbeitergesprächs das große Mitarbeitergespräch »Kritik aussprechen« (s. Kap. 6.2.5) die situationsgemäße Gesprächsform sein. Als Entscheidungshilfe finden Sie im folgenden einige Kriterien:

Ein Kritikgespräch kann dann angemessen sein,
- wenn der Mitarbeiter sich wiederholt negativ verhalten hat,
- wenn der Mitarbeiter sich zwar nur einmal negativ verhalten hat, dafür jedoch aus dem Rahmen fallend,
- wenn die Leistungen des Mitarbeiters wiederholt deutlich unter dem Soll liegen,
- wenn der Mitarbeiter einen aus dem Rahmen fallenden Fehler gemacht hat,
- wenn der Mitarbeiter absichtlich Fehler macht.

Ein Korrekturgespräch hingegen dürfte in allen anderen Situationen die angemessene Gesprächsform sein, also beispielsweise,
- wenn es sich um einen Flüchtigkeitsfehler handelt,
- wenn die Abweichung von der erwarteten Leistung gering ist und es sich um eine einmalige Abweichung handelt,
- wenn der Mitarbeiter einen leichten Fehler häufiger gemacht hat.

Das Korrekturgespräch kann sehr einseitig verlaufen, nämlich dann, wenn der betroffene Mitarbeiter Ihre Mitteilung über das Kontrollergebnis lediglich nichtsprachlich oder mit einem Wort oder mit einem Satz quittiert. Das Korrekturgespräch kann in Einzelfällen in ein Kritikgespräch übergehen, beispielsweise dann, wenn Ihr Mitarbeiter nicht einsehen will, daß er in Zukunft bessere Leistungen bringen soll.

Empfehlungen für die Gesprächsvorbereitung

Für die Vorbereitung eines kleinen Mitarbeitergesprächs gelten – entsprechend vereinfacht – die Ausführungen des Kapitels 7 sowie die Ausführungen zum Gesprächsphasenkonzept »Kritik aussprechen« (s. Kap. 6.2.5). Daher erhalten Sie an dieser Stelle nur wenige Hinweise. Wie Sie Ihrem Mitarbeiter das Kontrollergebnis mitteilen, wird vorwiegend davon bestimmt, welche Erfahrungen Sie bisher mit Ihrem Mitarbeiter gemacht haben und wie Sie sein Gesamtverhalten einschätzen:

- Wie reagiert er erfahrungsgemäß bei derartigen Gesprächen?
- Wie waren seine bisherigen Leistungen?
- Was erfordert die aktuelle Situation?

Empfehlungen für die Gesprächsführung[*]

1. Stufe

Signalisieren Sie durch entsprechende Mimik, daß Sie mit den Leistungen Ihres Mitarbeiters nicht einverstanden sind.

2. Stufe

Teilen Sie Ihrem Mitarbeiter lediglich mit, welchen Fehler er gemacht hat, indem Sie den Fehler konkret und ohne Wertung beschreiben: *Ich kann die Akte Kremer nicht unter »K« finden. / Die Lötstelle an der Leitung X ist noch undicht.*

Die festgestellten Mängel werden also weder bewertet noch mit einer Aufforderung verknüpft, gleichwohl haben diese Formulierungen Aufforderungscharakter: Diese Hinweise enthalten eine indirekte aber deutliche Aufforderung, nämlich in Zukunft die erwartete Leistung zu bringen. Diese Gesprächsform wird vor allem bei solchen Mitarbeitern den angestrebten Erfolg haben, die fähig und bereit sind, die in derartigen Hinweisen enthaltene Aufforderung zu erkennen und ihr nachzukommen. Für Mitarbeiter hingegen, die einer direkten Aufforderung bedürfen, um Fehler abzustellen, ist diese Form wenig geeignet: Verknüpfen Sie Ihre Hinweise für solche Mitarbeiter immer mit einer präzisen Aufforderung, wie sie in der 4. Stufe vorgeschlagen wird.

3. Stufe

Teilen Sie Ihrem Mitarbeiter lediglich mit, welche Leistung Sie in Zukunft von ihm erwarten: *Bitte achten Sie darauf, daß ..., / Vergessen Sie bitte nicht, die vereinbarte Toleranz einzuhalten.*

4. Stufe

Verknüpfen Sie die Mitteilung über die Soll-Unterschreitung mit einer präzisen Aufforderung, und zwar ohne Wertung: *Sie haben den Artikel X zu spät bestellt. Bitte halten Sie in Zukunft unsere Bestelltermine ein. / Ich habe gerade zugehört, wie Sie mit unserem Kunden Schäfer gesprochen haben. Dabei habe ich Ihr Verhalten als sehr abweisend erlebt. Bitte denken Sie zukünftig daran, jedem unserer Kunden das Gefühl zu vermitteln, daß er bei unserer Firma König ist.*

5. Stufe

Möglicherweise Übergang in ein Kritikgespräch.

---

[*] Anm.: Die folgenden Empfehlungen sind von »sehr indirekter Kurskorrektur« in Richtung »sehr massive Kurskorrektur« geordnet.

5.3 Kontakt- und Beziehungspflege mit dem Mitarbeiter

Jede Führungskraft trägt nicht nur die Verantwortung für die Realisierung der Unternehmensziele. Sie trägt in gleichem Maße Verantwortung gegenüber ihren Mitarbeitern und Mitverantwortung für das Betriebsklima, für die betriebliche Lebensqualität. Das Betriebsklima wird nämlich zu einem wesentlichen Teil davon bestimmt, wie Vorgesetzte mit Mitarbeitern umgehen. Die Mitarbeiterorientierung in den verschiedenen Kommunikationssituationen reicht nach meiner Erfahrung nicht aus, um den Kontakt mit dem Mitarbeiter im erforderlichen Umfang zu pflegen. Es ist vielmehr nötig, zu diesem Zweck besondere Gespräche mit dem Mitarbeiter zu führen. Gespräche, die sich vorwiegend mit der Person des Mitarbeiters und mit Fragen der Zusammenarbeit beschäftigen.

Allgemeine Empfehlungen

● Nehmen Sie sich Zeit für Ihren Mitarbeiter.
● Sprechen Sie mit Ihrem Mitarbeiter,
  – um seine individuellen Erwartungen besser herauszufinden und
  – um ihm sagen zu können, wo Sie mit ihm Gemeinsamkeiten haben.
● Interessieren Sie sich (mit Augenmaß) auch für Angelegenheiten des Mitarbeiters, die außerhalb seiner Arbeit liegen.
● Hören Sie in solchen Situationen geduldig zu.* Nur dann werden Sie erfahren, was Ihr Mitarbeiter denkt und fühlt, und welche Erwartungen er hat.

Gesprächsanlässe für die Kontakt- und Beziehungspflege

Im folgenden finden Sie eine kleine Auswahl von Anlässen und Situationen für diese kleinen Mitarbeitergespräche.

(1) Anlässe und Situationen, in denen der Gesprächskontakt von Ihnen ausgeht:

– Der Mitarbeiter ist erst seit kurzem in dieser Abteilung.
– Der Mitarbeiter arbeitet seit kurzem mit einer neuen Maschine/einem neuen Gerät/einer neuen Software.
– Wenn Sie sich »vor Ort« sehen lassen (»Management by wandering around«** – »täglicher Small talk«)

---

* Anm.: Nicht unser Sprechanteil, sondern das Ausmaß unseres Zuhörens macht uns zu angenehmen und begehrten Gesprächspartnern.
** Anm.: vgl. Lauterberg, Christoph: Führung in den Neunziger Jahren. Die Veränderung der Führungsfunktion im Zeitalter des raschen Wandels. In: Organisationsentwicklung 1/90. S. 6-23

(2) Anlässe und Situationen, bei denen der Gesprächskontakt vom Mitarbeiter ausgeht:
- Ihr Mitarbeiter meldet sich bei Ihnen zurück, beispielsweise nach einem Urlaub, nach einer Krankheit, nach einem Arbeitsunfall.
- Ihr Mitarbeiter kommt mit einer Bitte zu Ihnen, beispielsweise um eine kurze Arbeitsbefreiung zu erbitten oder um Sonderurlaub zu beantragen.

(3) Die folgenden Anlässe und Situationen basieren darauf, daß Sie den Mitarbeiter gut kennen:
- Familienangelegenheiten wie Geburt eines Kindes, Hochzeit, Einschulung eines Kindes, Abitur/Studium eines Kindes, Krankheitsfall in der Familie, Hausbau/Hauskauf, Kauf eines Autos, Hobby.

Praxistip

(1) Behandeln Sie Ihren Mitarbeiter wie einen Kunden!

(2) Im betrieblichen Alltag gibt es genügend Anlässe für diese kleinen Mitarbeitergespräche – nutzen Sie sie.

Empfehlungen für die Gesprächsführung

● Stellen Sie eine Frage, die dem Mitarbeiter Ihr Interesse an seiner Person signalisiert: *Wie war Ihr Urlaub, Frau Christensen?/Wie haben Sie Ihre Krankheit überstanden, Herr Kurz?/Ich freue mich, daß Sie wieder gesund sind, Frau Schäfer./Wie ist Ihr Tennisturnier verlaufen, Frau Giese?/Sie fahren doch auch einen Sportwagen, Herr Otto. Wie sind Sie damit zufrieden?*

● Machen Sie eine teilnahmsvolle Bemerkung: *Wie geht es Ihrem Sohn, Herr Schulz?*

● Zeigen Sie Verständnis für die Fragen und Probleme Ihres Mitarbeiters, indem Sie aufmerksam zuhören und es auch zeigen.

● Machen Sie eine Bemerkung, die Ihrem Mitarbeiter signalisiert, daß Sie an seiner Arbeitsleistung *und* an seiner Person interessiert sind: *Herr König, ich freue mich, daß Sie sich so schnell bei uns eingearbeitet haben.*

Sie haben vermutlich gar nicht genug Zeit, um wöchentlich oder monatlich kleine Mitarbeitergespräche zur Kontakt- und Beziehungspflege zu führen. Es ist auch nicht immer nötig, längere Gespräche zu führen. Häufig genügen wenige Sätze, manchmal reichen sogar nichtsprachliche Signale, wie Sie den folgenden Empfehlungen entnehmen können.

Besonders unaufdringliche Formen der Kontaktpflege sind Einwortsätze und nichtsprachliche Signale: Wenn Sie Ihren Mitarbeiter bei seiner Tätigkeit beobachten, können Sie ihm – quasi im Vorbeigehen – in sehr einfacher wirkungsvoller Form Ihre Wertschätzung zeigen, und zwar mit einem Einwortsatz: *Okay, gut, schön, freut mich ...* oder nichtsprachlich: Lächeln Sie ihn an oder nicken Sie ihm freundlich zu.

Hinweis

Lob muß glaubwürdig sein, denn der Mitarbeiter merkt sofort, wenn das Lob übertrieben oder unterkühlt formuliert ist, und er hat ein feines Gespür dafür, ob sein Vorgesetzter die Anerkennung ehrlich meint. Mitarbeiter können die eigenen Leistungen nämlich selbst recht gut einschätzen.

6. Besonderheiten der großen Mitarbeitergespräche

Für die großen Mitarbeitergespräche liefert Ihnen dieses Kapitel zusätzliche Empfehlungen und Hilfen, die im Gegensatz zum Kapitel 5 sehr speziell sind. Das ist deshalb möglich, weil die Gespräche in besonderen, genau beschriebenen Führungssituationen geführt werden, beispielsweise »Anerkennung aussprechen«, »Auftrag erteilen«.

Anhand von sechs ausgewählten großen Mitarbeitergesprächen wird beispielhaft beschrieben, was die Führungskraft beachten sollte, wenn sie ein derartiges Gespräch führt. Diese Gespräche kommen erfahrungsgemäß entweder häufiger vor als andere oder sind schwieriger zu führen als andere. Für jedes dieser großen Mitarbeitergespräche wird Ihnen ein universelles Hilfsmittel für die Gesprächsführung angeboten. Es trägt die Bezeichnung »Gesprächsphasenkonzept«.

6.1 Gesprächsphasenkonzepte

Jedes große Mitarbeitergespräch besteht aus mehreren Phasen, in denen der Vorgesetzte spezifische Aufgaben wahrnimmt. Für diese Phasen hat sich eine logisch und psychologisch sinnvolle Reihenfolge herausgebildet, die sich in ungezählten Mitarbeitergesprächen bewährt hat: Diese Phasenfolge entspricht einem idealtypischen Gesprächsablauf. Daher bildet diese unterschiedliche Phasenfolge der verschiedenen großen Mitarbeitergespräche jeweils das Gerüst des Gesprächsphasenkonzepts.

6.1.1 Nach welchen Gesichtspunkten sind die Gesprächsphasenkonzepte aufgebaut?

Damit Sie die Gesprächsphasenkonzepte mühelos und flexibel anwenden können, wird anhand eines Ausschnitts erläutert, nach welchen Gesichtspunkten die Gesprächsphasenkonzepte aufgebaut sind. Grundsätzlich gilt: Jedes Gesprächsphasenkonzept konzentriert sich auf die wesentlichen Elemente des entsprechenden Gesprächs.

Die Gesprächsphasen

Spalte 1 jedes Gesprächsphasenkonzepts enthält die Bezeichnung der einzelnen Gesprächsphasen. Siehe hierzu den Ausschnitt aus dem Gesprächsphasenkonzept »Kritik aussprechen«.

Gesprächsphasenkonzept »Kritik aussprechen« (Ausschnitt)	
Gesprächsphasen	**Empfehlungen für die Gesprächsführung**
1 Gespräch eröffnen	– Sogleich Anlaß ansprechen. – An Befürchtungen anknüpfen.
2 Sachverhalt darstellen	– Kritikwürdigen Sachverhalt ruhig und sachlich darlegen; kurz fassen. – Vermutungen als solche kennzeichnen. – Mitarbeiter Gelegenheit zur Stellungnahme geben.
3 Leistungsmängel erörtern (Ursachen analysieren)	– Nach der Stellungnahme des Mitarbeiters mögliche Ursachen und Gründe erfragen. – Auswirkungen der kritisierten Leistung/des kritisierten Verhaltens darlegen. – Eigene Versäumnisse ansprechen. – Unterschiedliche Auffassungen erörtern.
4 ...	...

Diese knapp und präzis gehaltenen Bezeichnungen sind als Handlungsaufforderung formuliert und geben an, welche Aufgabe die Führungskraft in der jeweiligen Gesprächsphase wahrnehmen soll.

Spalte 1 gibt Ihnen also Antwort auf die Fragen:

- »Was soll ich tun?« und
- »In welcher Reihenfolge soll ich es tun?«

In der folgenden Abbildung sind die Phasenfolgen aller Gesprächsphasenkonzepte so zusammengestellt, daß deren Gemeinsamkeiten und Unterschiede deutlich erkennbar werden.

Auftrag erteilen	Probleme lösen	Mitarbeiter einweisen	Anerkennung aussprechen	Kritik aussprechen	Beurteilung durchsprechen
Gespräch eröffnen					
	Problem beschreiben	Miteinander bekanntmachen			
Auftrag formulieren	Diskussion/ Erörterung	Überblick über den Aufgaben- bereich geben	Sachverhalt darstellen	Sachverhalt darstellen	Gesamtbeurteilung bekanntgeben
				Leistungsmängel erörtern	Leistungsmängel erörtern
	Entscheiden	Einbindung in die Arbeitsgruppe erörtern	Anerkennung aussprechen	Kritik aussprechen	
Auftrags- erteilung sichern	Durchführung planen	Einzelheiten der Arbeit erläutern	Folgen erörtern	Leistungs- verbesserung planen	Leistungsver- besserung planen
Kontrollen vereinbaren		weitere Gesprä- che vereinbaren		Ergebnisse zu- sammenfassen	Ergebnisse zu- sammenfassen
Gespräch beenden					

Die Empfehlungen für die Gesprächsführung

Spalte 2 des Gesprächsphasenkonzepts enthält Empfehlungen und Hinweise für die Gesprächsführung. Diese Empfehlungen ermöglichen Ihnen abzuleiten, welche Intentionen den einzelnen Gesprächsphasen am ehesten entsprechen. Auch für diese Empfehlungen und Hinweise gilt das bereits bekannte pädagogische Prinzip: Sie sind ein Angebot.

Die Empfehlungen für die Gesprächsführung sind auf Standardsituationen ausgerichtet und stellen lediglich eine Auswahl dar. So wird es manchmal vorkommen, daß Sie zusätzliche Gesprächsempfehlungen brauchen. Sie werden sie vermutlich nur in Ausnahmefällen selbst erfinden müssen, weil jedes Gesprächsphasenkonzept durch zusätzliche Empfehlungen für die Gesprächsführung ergänzt wird und weil Sie aus dem Angebot schöpfen können, das Ihnen dieses Buch in anderen Kapiteln liefert.

Sie wissen aus den vorangegangenen Ausführungen, daß Sie Ihre Mitarbeitergespräche auf Dauer nur dann erfolgreich führen können, wenn Sie sich dabei wesensgemäß und situationsgerecht verhalten. Das bedeutet für Ihre Arbeit mit den Gesprächsphasenkonzepten:

1. Wenden Sie die allgemein formulierten Empfehlungen für die Gesprächsführung nur dann an, wenn sie zu Ihrer Situation passen.
2. Setzen Sie die ausgewählten Empfehlungen immer wesensgemäß ein.

Spalte 2 gibt Ihnen also Antwort auf die Fragen: *»Wie kann ich die Gesprächsführung am besten handhaben?«/ »Wie kann ich die jeweiligen Aufgaben am besten wahrnehmen?«*

Die zusätzlichen Informationen

Jedes Gesprächsphasenkonzept ist in zusätzliche Informationen, Empfehlungen und Hinweise eingebettet.

Ein komplettes Gesprächsphasenkonzept besteht aus	
1.	Beschreibung des Gesprächszwecks
2.	Zusätzliche Informationen über die besondere Führungssituation
3.	Das Gesprächsphasenkonzept
4.	Zusätzliche Empfehlungen für die Gesprächsführung
5.	Empfehlungen für die Nachbereitung

6.1.2 Welche Vorteile bietet Ihnen ein Gesprächsphasenkonzept?

Beim Vorbereiten hilft es Ihnen,

– Ihren individuellen Gesprächsplan mit geringem Zeitaufwand zu erarbeiten, indem Sie die Strategie des Gesprächsphasenkonzepts im Regelfall ohne Änderungen auf Ihre Gesprächssituation übertragen können,
– sicherzustellen, daß Sie sich mitarbeiterorientiert vorbereiten,
– leicht die zentralen Punkte zu erkennen und die wesentlichen Gesprächsinhalte und Gesprächsaufgaben systematisch zu überdenken,
– schnell zu erkennen, welche Informationen Sie benötigen und welche Unterlagen Sie bereithalten müssen.

Ein Gesprächsphasenkonzept hilft Ihnen, Ihr Mitarbeitergespräch umfassend und zugleich mit geringem Zeitaufwand vorzubereiten.

Beim Durchführen hilft es Ihnen,

– alle erforderlichen Gesprächsaufgaben in wirkungsvoller Reihenfolge wahrzunehmen,
– das Gespräch mitarbeiterorientiert zu führen,
– Ihren Mitarbeiter angemessen am Gespräch zu beteiligen,
– das Gespräch mit geringem Zeitaufwand zu führen,
– den roten Faden ständig präsent zu haben,
– die Kernaussage dieses Buches umzusetzen,
– zu erkennen, welche Aspekte wie aufzufächern sind.

Die Gesprächsphasenkonzepte helfen Ihnen, Ihre Gesprächsführung zu optimieren.

Beim Nachbereiten hilft es Ihnen,

– nicht zu vergessen, welche Aufgaben nach dem Gespräch wahrzunehmen sind und
– den Gesprächsverlauf zu reflektieren, um dadurch jedes Gespräch zu einer Lernquelle für Ihre folgenden Gespräche zu machen.

Hinweis
Wenn Sie ein großes Mitarbeitergespräch vorbereiten, für das kein Gesprächsphasenkonzept vorhanden ist, können Sie sich die Arbeit dadurch spürbar erleichtern, daß Sie sich an den hier beschriebenen Konzepten orientieren.

6.2 Gesprächsphasenkonzepte für besondere Führungssituationen

6.2.1 Auftrag erteilen

(1) Zweck des Gesprächs

Dem Mitarbeiter eine bestimmte Aufgabe zu übertragen.

(2) Zusätzliche Informationen über die besondere Führungssituation

Dieses Phasenkonzept ist für solche Aufträge gedacht, die nicht in Form eines kleinen Mitarbeitergesprächs erteilt werden können (s. Kap. 5.1).

Welche Informationen soll ein Auftrag enthalten?	
WAS	– Bezeichnung des Auftrags. – Globale Darstellung des Auftrags. – Sinn und Zweck des Auftrags.
WO	– Beschreibung der »Arbeitsstätte«.

WIE	– Weitere Beteiligte, wer trägt die Verantwortung?
	– Was ist zu beachten
	  (Vorgaben, Unterlagen, Verfahren, Schwierigkeiten, Sicherheitsvor-
	  schriften, Gefahren, Grenzen)?
	– Welche Finanzmittel/Hilfsmittel/Materialien können/sollen eingesetzt
	  werden?
	– Kompetenzen.
	– Abstimmungstermine (bei länger dauernden Aufgaben).
	– Hinweis: Ihrem Mitarbeiter/den Beteiligten für die Ausführung des
	  Auftrags Spielraum lassen: Das wird im Regelfall als Anerkennung erlebt.

WANN	– Beginn, Ende, Zwischentermine, Endtermin.

(3) Gesprächsphasenkonzept »Auftrag erteilen«

Gesprächsphasen	Empfehlungen für die Gesprächsführung
1 Gespräch eröffnen	– Anlaß nennen.
2 Auftrag formulieren	– Zunächst Bereitschaft wecken. – Auftrag präzis und eindeutig formulieren. – Auftragserteilung der Situation anpassen, (s. vorhergehende Zusammenstellung). – Zur Äußerung und zum Fragen anregen. – Vorschläge und Anregungen aufgreifen.
3 Auftragserteilung sichern	– Durch Rückfragen sichern, ob der Auftrag richtig verstanden wurde. – Hilfe anbieten. – Zusatzinformationen geben.
4 Kontrollen vereinbaren	– Vereinbaren, wem, wann und wie Ihr Mitarbeiter die Auftragserledigung mitteilen soll. – Vereinbaren, ob, wann, was Sie kontrollieren wollen.
5 Gespräch beenden	– Guten Erfolg wünschen.

(4) Zusätzliche Empfehlungen für die Gesprächsführung

Bereiten Sie komplexe Aufträge sorgfältig vor. Dabei können Ihnen folgende Überlegungen helfen:
– Berücksichtigen Sie bei der Auswahl Ihres Mitarbeiters dessen Leistungsfähigkeit, Erfahrungen, Belastbarkeit.
– Welche Aufträge bestehen bereits?
– Welche Vorschriften, Zuständigkeiten usw. sind zu berücksichtigen?
– Sind die erforderlichen Arbeitsmittel vorhanden?
– Welche zusätzlichen Informationen benötigt Ihr Mitarbeiter?
– Wie groß wird der Zeitaufwand sein?
– Erteilen Sie keine zu umfangreichen Aufträge. Es ist besser, mehrere Teilaufträge zu vergeben.
– Stützen Sie Ihre mündlichen Informationen durch Zeichnungen, Pläne, Skizzen ab.
– Stellen Sie fest: Wer muß zusätzlich verständigt werden?

(5) Empfehlungen für die Nachbereitung

– Versprochene Hilfe sicherstellen.
– Vereinbarte Kontrollen durchführen.
– Darauf achten, daß Ihnen die Aufgabenerledigung mitgeteilt wird.

Lesehinweis

Beachten Sie zusätzlich die Empfehlungen zum Gespräch »Mitarbeiter einweisen« (s. Kap. 6.2.3).

6.2.2 Probleme lösen

(1) Zweck des Gesprächs

Erfahrungen und Kenntnisse Ihres Mitarbeiters für die Ziele des Unternehmens nutzen, beispielsweise
- um ein Problem zu bearbeiten,
- um ein Problem zu lösen,
- um einen Konflikt zu behandeln,
- um eine Entscheidung vorzubereiten,
- um eine Maßnahme zu planen.

(2) Zusätzliche Informationen über die besondere Führungssituation

Vorgesetzte können heute im allgemeinen nicht mehr Probleme lösen und Entscheidungen vorbereiten, ohne ihre Mitarbeiter daran zu beteiligen. Diese Beteiligung der Mitarbeiter bringt mehrere Vorteile:
- Sie erhöht die Akzeptanz von Entscheidungen.
- Sie wird von den Mitarbeitern als Anerkennung erlebt.
- Sie fördert die Beteiligung der Mitarbeiter.
- Sie intensiviert deren Mitverantwortung.
- Sie fördert den gegenseitigen Informationsaustausch.
- Sie erhöht die Motivation der Mitarbeiter.
- Sie führt zu besseren Ergebnissen.

Für diese Mitarbeitergespräche, deren Inhalte und Formalziele sehr vielfältig sind, bietet dieses Phasenkonzept eine allgemeine Struktur. Daher müssen Sie das Konzept, mehr noch als die anderen, auf die jeweilige Situation zuschneiden. Insofern unterscheidet es sich von den anderen Phasenkonzepten.

Ein Formalziel beschreibt, wie der Gesprächsgegenstand bearbeitet werden soll. Formalziele sind unabhängig vom Gesprächsinhalt. Sie können beispielsweise lauten: Problem lösen, Entscheidung vorbereiten, Vorschlag erarbeiten, Maßnahmen planen. Formalziel und Gesprächsgegenstand ergeben das Gesprächsziel. (s. S. 80)

Beispiele	
1 Aus dem *Formalziel*	»Vorschläge erarbeiten«
und dem *Gesprächsgegenstand*	»Wie können wir sicherstellen, daß die Normen beim Produkt X eingehalten werden?«
ergibt sich das *Gesprächsziel*	»Vorschläge erarbeiten, mit denen sichergestellt werden kann, daß die Normen beim Produkt X eingehalten werden.«
2 Aus dem *Formalziel*	»Maßnahmen planen«
und dem *Gesprächsgegenstand*	»Wie können wir sicherstellen, daß die Normen beim Produkt X eingehalten werden?«
ergibt sich das *Gesprächsziel*	»Maßnahmen planen, mit denen sichergestellt werden kann, daß die Normen beim Produkt X eingehalten werden.«

Praxistip
Nutzen Sie das Ideen- und Erfahrungspotential Ihrer Mitarbeiter.

(3) Gesprächsphasenkonzept »Probleme lösen«

Gesprächsphasen	Empfehlungen für die Gesprächsführung
1 Gespräch eröffnen	– Anlaß und Formalziel nennen. – Mit Positivem und Gemeinsamkeiten beginnen.
2 Problem beschreiben	– Ziel formulieren. – Das Problem in eine Frage kleiden und beschreiben. – Bedeutung des angestrebten Ergebnisses ansprechen. – Verständnis für die eigene Situation wecken. – Sicherstellen, daß Sie und Ihr Mitarbeiter in der Einschätzung der Situation übereinstimmen.
3 Diskussion/Erörterung	
3a Vorgehensweise festlegen	– Vorgehen vorschlagen oder gemeinsam erarbeiten.
3b Informationen zusammentragen	– Informationen gemeinsam zusammentragen: Wer? Was? Wo? Wann? Wie oft? Welche Ursachen? usw. Wer/Was ist betroffen? Wer/Was ist nicht betroffen? – Fakten von Meinungen trennen. – Bewerten und Erörtern der Informationen bis zur nächsten Phase zurückstellen.
3c Informationen verarbeiten	– Informationen erörtern und strukturieren. – Wesentliches von Unwesentlichem trennen. – Informationslücken aufspüren und ggf. schließen. – Teilergebnisse sichern. – Diskussion nicht zu früh beenden.
3d Lösungen entwickeln	– Mehrere Lösungen entwickeln. – Jede Lösung gemeinsam abschätzen auf Durchführbarkeit, Akzeptanz, Konsequenzen.
4 Entscheiden	– Die zweckmäßigste, wirtschaftlichste Lösung auswählen. – Entscheidung gemeinsam treffen. – Sich Entscheidung vorbehalten. (Dann jedoch dem Mitarbeiter später unbedingt die Entscheidung mitteilen. Bei einer Entscheidung, die vom gemeinsam erarbeiteten Ergebnis abweicht, die eigene Entscheidung begründen.)
5 Durchführung planen	– Was ist bei der Umsetzung der Entscheidung zu bedenken? – Wer ist betroffen? Wer ist zu beteiligen? – Wer ist zu informieren? Was ist zu veranlassen? – Was soll der Mitarbeiter selbst tun? – Wie soll die Durchführung kontrolliert werden?
6 Gespräch beenden	– Ergebnis zusammenfassen. – Mitteilen, was mit dem Ergebnis geschehen wird (Ausblick). – Vereinbarungen treffen.

(4) Zusätzliche Empfehlungen für die Gesprächsführung

Allgemein

– Formulieren Sie den Gesprächsgegenstand positiv, beispielsweise: *Wie können wir sicherstellen, daß die Normen beim Produkt X eingehalten werden?* anstelle von *Wie können wir verhindern, daß beim Produkt X von den Normen abgewichen wird?*

– Formulieren Sie so, daß Ihr Mitarbeiter zum Fragen angeregt wird.

– Führen Sie das Gespräch so, daß Ihr Mitarbeiter seinen Anteil am Gesprächserfolg sehr deutlich erlebt.

– Gliedern Sie den Gesprächsgegenstand so, daß Sie ihn Schritt für Schritt mit Ihrem Mitarbeiter erörtern können.

– Vertrauen Sie auf die Fähigkeiten Ihres Mitarbeiters und halten Sie Ihre eigene Meinung zunächst zurück.

– Erwecken Sie nicht den Eindruck, als wüßten Sie schon alles.

– Bedenken Sie stets, daß jeder Beitrag Ihres Mitarbeiters brauchbare Anteile enthalten kann. Lenken Sie daher Ihr Augenmerk auf diese Anteile und greifen Sie sie auf. »Unbrauchbare« Aussagen sollten Sie übergehen.

Speziell (besonders für die Erörterungsphase geeignet)

– Konzentrieren Sie die Diskussion auf das Thema,
  – indem Sie Zwischenergebnisse formulieren,
  – indem Sie nur die für das Thema bedeutsamen Aspekte aufgreifen,
  – indem Sie auf das Thema/Ziel hinweisen,
  – indem Sie Ihren Mitarbeiter mit Lenkungsfragen zum Thema zurückführen (s. Kap. 4.2).

– Prüfen Sie Ihre eigenen Argumente und die Ihres Mitarbeiters mit ihm gemeinsam.

– Betrachten Sie Einwände Ihres Mitarbeiters als hilfreiche Beiträge und setzen Sie sich damit auseinander. Es bringt nichts, wenn Sie Ihre Argumente wiederholen, die einen Einwand hervorgerufen haben. Häufig ist in solchen Fällen folgende beispielhaft formulierte Frage eine gute Antwort auf den Einwand: *Welches Vorgehen würden Sie, Herr Meier, für sinnvoll halten?*

– Betrachten Sie Ihre Ziele und Vorstellungen und die Ihres Mitarbeiters nicht als Positionen, sondern als Interessen. Dadurch entsteht Spielraum für die gemeinsame Suche nach kreativen Lösungen. Positionen hingegen bergen die Gefahr der Konfrontation in sich. Außerdem können sie Gesprächsfluß und Kreativität hemmen.

(5) Empfehlungen für die Nachbereitung

Bei der Realisierung der Gesprächsergebnisse soll Ihr Mitarbeiter erleben, daß es eine gemeinsame Leistung war. Keinesfalls dürfen Sie diese Gesprächsergebnisse als eigenen Erfolg ausgeben.

> **Hinweis**
> Trennen Sie unbedingt die Phasen »Informationen zusammentragen« und »Informationen verarbeiten«. Diese Trennung hilft Ihnen, viel Zeit zu sparen.

6.2.3 Mitarbeiter einweisen

(1) Zweck des Gesprächs

Bevor der neue Mitarbeiter seine Tätigkeit aufnimmt,
- sollen sich der Neue und sein Vorgesetzter kennenlernen,
- soll der Neue einen Überblick über seinen Aufgabenbereich und dessen Bedeutung erhalten,
- soll der Neue mit seinen Aufgaben und den Verfahren zu ihrer Bewältigung vertraut gemacht werden,
- soll die Unsicherheit des Neuen gegenüber dem Vorgesetzten, den Kollegen und der neuen Tätigkeit vermindert werden.

(2) Zusätzliche Informationen über die besondere Führungssituation

Jeder Neue muß sorgfältig eingewiesen werden. Als Neuen bezeichnen wir sowohl den Mitarbeiter, der bisher in einem anderen Bereich desselben Unternehmens gearbeitet hat als auch den neu ins Unternehmen Eingetretenen.

Dieses Gespräch ist häufig der erste längere und entscheidende Kontakt zwischen dem neuen Mitarbeiter und seinem Vorgesetzten. Während dieses Gesprächs entsteht bei dem Vorgesetzten ein Bild von der Person des Neuen, der sich seinerseits ein Bild von der Person des Vorgesetzten macht. Der Vorgesetzte soll sich beim Einweisungsgespräch so verhalten, daß der Neue aus dieser Situation ableiten kann, wie wertvoll und wichtig er für das Unternehmen ist.

Hinweis

Ein neuer Mitarbeiter wird häufig in mehreren Stufen eingewiesen, beispielsweise In der Personalstelle, beim Betriebsleiter und beim Meister oder in der Personalstelle, beim Hauptabteilungsleiter und beim Gruppenleiter.

Welche Stelle den neuen Mitarbeiter informiert, welche Mitteilungen jeweils gegeben und welche Informationen von ihm eingeholt werden, ist von Unternehmen zu Unternehmen verschieden. Um die verschiedenen Einweisungsaktivitäten aufeinander abzustimmen, empfiehlt es sich, zunächst eine gemeinsame Checkliste zu entwickeln. Anschließend werden die einzelnen Punkte der Checkliste den beteiligten Stellen zugeordnet.

(3) Gesprächsphasenkonzept »Mitarbeiter einweisen«

Gesprächsphasen	Empfehlungen für die Gesprächsführung
1 Gespräch eröffnen	– Mitarbeiter empfangen, mit Namen begrüßen. – Persönlichen und sachlichen Kontakt herstellen. – Gesprächsziel nennen.
2 Miteinander bekanntmachen	– Sich selbst vorstellen. – Beschreibung der eigenen Stellung im Unternehmen. – Darstellung des eigenen Aufgabenbereichs. – Den Mitarbeiter kennenlernen. – Bisherige Tätigkeiten erörtern. – Kenntnisse, Fähigkeiten, Erfahrungen auf ihre Verwendung im neuen Aufgabengebiet erörtern. – Erwartungen und Befürchtungen hinsichtlich der neuen Arbeitssituation ansprechen.
3 Überblick über den Aufgabenbereich geben	– Wesentliche Informationen über den neuen Aufgabenbereich geben. – Bedeutung des neuen Aufgabenbereichs erläutern. – Bedeutung der Sicherheitsvorschriften ansprechen.
4 Einbindung in die Arbeits-gruppe erörtern (am neuen Arbeitsplatz)	– Dem Mitarbeiter mitteilen, wer ihn in der Einarbeitungszeit betreuen wird, an wen er sich bei Schwierigkeiten wenden kann. – Den Mitarbeiter mit den Arbeitskollegen bekanntmachen.
5 Einzelheiten der Arbeit erläutern (am neuen Arbeitsplatz)	– Sorgfältig klären, welche Tätigkeit der Mitarbeiter in der nächsten Zeit übernehmen soll. – Erwartete Leistungen/erwartetes Verhalten genau beschreiben (unterscheiden zwischen Einarbeitungs-leistung und Regelleistung).
6 Weitere Gespräche vereinbaren	– Termine und Inhalte für weitere Gespräche verein-baren, die dem Neuen die Einarbeitung und die Eingewöhnung erleichtern sollen.
7 Gespräch beenden	– Guten Start wünschen.

(4) Zusätzliche Empfehlungen für die Gesprächsführung

Allgemein

– Machen Sie sich rechtzeitig mit den wesentlichen Daten aus den Personalpapieren des Neuen vertraut.
– Teilen Sie den Kollegen des Neuen vorher mit, daß ein neuer Mitarbeiter kommt, und wann Sie ihn vorstellen werden.
– Sprechen Sie so mit dem Neuen, daß er angeregt wird, sich zu äußern und Fragen zu stellen.
– Es ist angezeigt, daß Sie sich nach jedem Einzelschritt vergewissern, ob der Neue Ihre Informationen verstanden hat.

Speziell (Pädagogische Aspekte)

Das Einweisen eines neuen Mitarbeiters gehört zu den pädagogischen Führungsaufgaben jedes Vorgesetzten.

– Knüpfen Sie Ihre Informationen an Wissen und Erfahrungen des Neuen an.
– Beschränken Sie Ihre Informationen auf das Wesentliche.
– Dosieren Sie die Informationen lernwirksam, indem Sie sie in kleine, überschaubare Schritte zerlegen.
– Gliedern Sie Ihre Informationen nach folgenden Gesichtspunkten:
  – Vom Bekannten zum Neuen.
  – Vom Einfachen zum Komplexen.
  – Vom Allgemeinen zum Besonderen.
  – Vom Früheren zum Späteren.
  – Vom Konkreten zum Abstrakten.
– Stützen Sie Ihre Informationen ab, indem Sie
  – wesentliche Vorgänge, Vorschriften usw. begründen;
  – Zeichnungen, Diagramme usw. erläutern oder während des Sprechens anfertigen;
  – dem Neuen ein Blatt mit Stichworten zu den wesentlichen Informationen aushändigen;
  – dem Neuen die Tätigkeit vormachen (oder sie von einem Mitarbeiter vormachen lassen) und dem Neuen Gelegenheit geben, die Tätigkeit selbst auszuführen.

(5) Empfehlungen für die Nachbereitung

Führen Sie mit dem Neuen mehrere Kontrollgespräche während der ersten sechs Monate seiner Betriebszugehörigkeit. Diese Gespräche geben Ihnen die Möglichkeit, sich über die Entwicklung des Neuen zu informieren und ihm dadurch zu zeigen, wie wichtig er Ihnen ist. So können Sie eventuelle Probleme rechtzeitig mit ihm erörtern, ihn lenken und bei Abweichungen von der vereinbarten Leistung oder vom vereinbarten Verhalten rechtzeitig helfend und korrigierend eingreifen.

Hinweis

Wenn der Neue keine oder nur wenige Fragen stellt, ist keineswegs sicher, daß er alles verstanden hat. Häufig ist der Neue nämlich befangen. Ermuntern Sie ihn daher immer wieder, sich zu äußern und Fragen zu stellen.

6.2.4 Anerkennung aussprechen

(1) Zweck des Gesprächs

1. Einem Mitarbeiter Rückmeldung geben und Anerkennung aussprechen,
   - der eine herausragende Leistung erbracht hat, oder
   - der sich besonders positiv verhalten hat, oder
   - der trotz erheblicher Schwierigkeiten eine besonders zuverlässige Leistung[*] erbracht hat.
2. Den Mitarbeiter die positiven Folgen herausragender Leistungen erleben lassen.

(2) Zusätzliche Informationen über die besondere Führungssituation

Der Anerkennung eines Mitarbeiters geht im allgemeinen ein Soll-Ist-Vergleich voraus. Der Anlaß für ein Anerkennungsgespräch kann sich auch ohne Soll-Ist-Vergleich ergeben: Der Vorgesetzte erfährt von Dritten, daß sein Mitarbeiter eine herausragende Leistung erbracht hat, oder er nimmt sie zufällig wahr.

Prüfen Sie – wenn möglich vor dem Gespräch –, inwieweit es angezeigt ist, diesen Mitarbeiter zu fördern: Aufstieg, Weiterbildungsmaßnahmen, verantwortungsvollere Tätigkeit usw.

(3) Gesprächsphasenkonzept »Anerkennung aussprechen«

Gesprächsphasen	Empfehlungen für die Gesprächsführung
1 Gespräch eröffnen	– Zweck nennen
2 Sachverhalt darstellen	– Verknüpfen mit Gesprächseröffnung. – Sachverhalt ohne Über- und Untertreibung knapp darstellen. – Fragen, wie der Mitarbeiter selbst den Anerkennungsanlaß einschätzt. – Anerkennungsanlaß erörtern.
3 Anerkennung aussprechen	– Angemessen anerkennen.
4 Folgen erörtern	– Positive Folgen ansprechen und erörtern.
5 Gespräch beenden	– Nochmals Dank aussprechen, mit Phase 4 verknüpfen.

---

[*] Anm.: Ich verwende in den folgenden Ausführungen den Begriff Leistung auch als Synonym für Verhalten.

(4) Zusätzliche Empfehlungen für die Gesprächsführung

Beziehen Sie Ihre Anerkennung auf die Leistung und nicht auf die Person Ihres Mitarbeiters. *Das Problem X haben sie ungewöhnlich geschickt gelöst* anstelle von *Sie sind ein ungewöhnlich geschickter Mensch.*

Sprechen Sie die Anerkennung unmittelbar aus. (Je kürzer der Zeitraum zwischen dem Anerkennungsanlaß und Ihrer Anerkennung ist, um so stärker ist deren Wirkung.)

Zeigen Sie dem Mitarbeiter, welche Gefühle diese Leistung in Ihnen ausgelöst hat, indem Sie ihm sagen, daß Sie sich darüber sehr freuen.

(5) Empfehlungen für die Nachbereitung

Achten Sie darauf, daß Sie Ihre Vereinbarungen/Versprechungen einhalten.

Behalten Sie diesen Mitarbeiter im Auge, um ihn gegebenenfalls zu einem späteren Zeitpunkt zu fördern.

6.2.5 Kritik aussprechen

(1) Zweck des Gesprächs

1. Einem Mitarbeiter Rückmeldung geben und Kritik aussprechen, wenn
   – er sich wiederholt negativ verhalten hat,
   – er sich zwar nur einmal negativ verhalten hat, dafür jedoch aus dem Rahmen fallend,
   – er wiederholt ungenügende Leistungen erbracht hat,
   – er einen aus dem Rahmen fallenden Fehler verursacht hat,
   – er absichtlich Fehler gemacht hat.
2. Ursachen der genannten Abweichungen analysieren sowie Maßnahmen mit dem Mitarbeiter vereinbaren, mit denen derartige Abweichungen in Zukunft vermieden werden können.

(2) Zusätzliche Informationen über die besondere Führungssituation

Kritikgespräche sind für den Mitarbeiter eine notwendige Orientierungshilfe und eine Rückmeldung darüber, in welchem Umfang er von der Norm abgewichen ist. Die zu kritisierende Leistung und das zu kritisierende Verhalten sollten genau beschrieben und mit Fakten untermauert werden.

Bei diesem Mitarbeitergespräch ist es ganz besonders wichtig, die Mitarbeiterorientierung zu beachten. Bei einem Mitarbeiter genügen einige klare Worte; bei einem anderen Mitarbeiter ist viel Überzeugungsarbeit nötig, um ihn zur Einsicht zu bewegen. Und es gibt auch den Mitarbeiter, bei dem für die Gesprächsführung gilt: Auf einen groben Klotz gehört ein grober Keil.

Stehen Sie mit Ihrer ganzen Person zu Ihrer Kritik. Es gehört nun mal zu Ihren Aufgaben, Ihrem Mitarbeiter auch Unangenehmes zu sagen.

Prüfen Sie zunächst, ob die Kritik überhaupt berechtigt ist:
– Inwieweit wußte Ihr Mitarbeiter, welche Leistung von ihm erwartet wurde?
– Inwieweit besaß Ihr Mitarbeiter die erforderlichen Fähigkeiten sowie die notwendigen Hilfsmittel, um die erwartete Leistung zu erbringen?

(3) Gesprächsphasenkonzept »Kritik aussprechen«

Gesprächsphasen	Empfehlungen für die Gesprächsführung
1 Gespräch eröffnen	– Sogleich Anlaß ansprechen. – An Befürchtungen anknüpfen.
2 Sachverhalt darstellen	– Kritikwürdigen Sachverhalt ruhig und sachlich darlegen; kurz fassen. – Vermutungen als solche kennzeichnen. – Mitarbeiter Gelegenheit zur Stellungnahme geben.
3 Leistungsmängel erörtern (Ursachen analysieren)	– Nach der Stellungnahme des Mitarbeiters mögliche Ursachen und Gründe erfragen. – Auswirkungen der kritisierten Leistung/des kritisierten Verhaltens darlegen. – Eigene Versäumnisse ansprechen. – Unterschiedliche Auffassungen erörtern. – Übereinstimmung in der Einschätzung des kritisierten Sachverhalts anstreben. – Auswirkungen des kritisierten Sachverhalts auf das Unternehmen darlegen. – Entschuldigung entgegennehmen.
4 Kritik aussprechen	– Kritik (Rüge, Mißbilligung, Ermahnung) unmißverständlich aussprechen. – Konsequenzen für den Mitarbeiter nennen.
5 Leistungsverbesserung planen	– Vorstellungen über Verbesserungsmöglichkeiten erfragen. – Künftig erwartete Leistungen/künftig erwartetes Verhalten präzisieren; nicht auf Nebensächlichkeiten herumreiten. – Fortbildungsmaßnahmen vorschlagen und erörtern. – Kontrolle vereinbaren; keinen Zweifel am guten Willen des Mitarbeiters aufkommen lassen.

| 6 Ergebnisse zusammenfassen | – Vereinbarungen kurz zusammenfassen. |
| 7 Gespräch beenden | – Hoffnung auf gute Zusammenarbeit, gute Leistungen, angemessenes Verhalten zum Ausdruck bringen.
– mit Phase 6 verknüpfen. |

(4) Zusätzliche Empfehlungen für die Gesprächsführung

- Überlegen Sie zunächst, welches Ziel Sie mit dem Gespräch anstreben: Bessere Leistungen, bessere Zusammenarbeit, Teilnahme an einer Fortbildungsveranstaltung.
- Kritisieren Sie aufbauend und sagen Sie Ihrem Mitarbeiter, wie es weitergehen soll. So können Sie ihn motivieren.
- Beziehen Sie Ihre Kritik auf die Leistung und nicht auf die Person Ihres Mitarbeiters: *In den letzten vierzehn Tagen sind Sie dreimal zu spät zur Arbeit erschienen* und nicht *Sie sind ein unpünktlicher Mensch.*
- Sprechen Sie Ihre Kritik möglichst unmittelbar aus. (Je kürzer der Zeitraum zwischen dem Anlaß und Ihrer Kritik ist, um so stärker ist ihre Wirkung.)
- Warten Sie mit dem Gespräch, bis Ihre Erregung und Wut abgeklungen sind.
- Oft empfiehlt es sich, Ihrem Mitarbeiter lediglich die Wirkung seiner Leistungen mitzuteilen. Mit dieser Form erleichtern Sie Ihrem Mitarbeiter, Ihre Kritik anzunehmen und zu verarbeiten.
- Sprechen Sie auch Gefühle Ihres Mitarbeiters an: *Ich kann verstehen, daß Ihnen diese Situation sehr unangenehm ist.*
- Betonen Sie Positives. Zeigen Sie dem Kritisierten, wo seine Stärken liegen.

(5) Empfehlungen für die Nachbereitung

- Vereinbarte Maßnahmen zur Leistungsverbesserung einleiten.
- Durchführung dieser Maßnahmen mehrfach kontrollieren.
- Ständig Interesse an den Verbesserungsbemühungen Ihres Mitarbeiters zeigen und ihm darüber Rückmeldung geben.
- Vereinbarte Kontrollen durchführen.

6.2.6 Beurteilung durchsprechen

(1) Zweck des Gesprächs

- Mit einem Mitarbeiter dessen schriftlich vorliegende Beurteilung durchsprechen.
- Mit dem Mitarbeiter dessen Stärken und Schwächen erörtern.

– Den Mitarbeiter darüber informieren, wie Sie als Vorgesetzter seine Leistungen und sein berufliches Verhalten einschätzen.

– Ziele und Maßnahmen zur Leistungsverbesserung Ihres Mitarbeiters erörtern und planen.

Lesehinweis

Es werden nur die Situationen behandelt, in denen die Leistungen des Mitarbeiters verbesserungswürdig sind. Denn nach meinen Erfahrungen laufen Mitarbeitergespräche »fast von allein«, wenn die Beurteilung so gut ist, daß Verbesserungen kaum möglich erscheinen.

Bereiten Sie sich auf Beurteilungsgespräche besonders sorgfältig vor, weil Beurteilungen für jeden Mitarbeiter eine große Bedeutung haben und weil Sie insbesondere die negativen Einzelergebnisse Ihrer Beurteilung begründen und mit stichhaltigem Beobachtungsmaterial absichern müssen.

(2) Zusätzliche Informationen über die besondere Führungssituation

Beurteilungsgespräche haben einen offiziellen Charakter: Es liegt ihnen ein offizieller Vorgang, nämlich eine schriftliche Beurteilung zugrunde, oder es ist eine schriftliche Beurteilung zu erstellen.

Erfahrungsgemäß begrüßen es Mitarbeiter sehr, wenn der Vorgesetzte in regelmäßigen Abständen mit ihnen über ihren Leistungsstand spricht. Sie möchten wissen, woran sie sind und was der Vorgesetzte von ihnen hält. Die Mitarbeiter haben auch ein Recht darauf, von ihrem Vorgesetzten in einem Gespräch zu erfahren, wie er sie beurteilt und welche Schwachstellen sie in Zukunft beseitigen müssen. Deshalb ist eine Mitarbeiterbeurteilung ohne Gespräch nicht mit den Prinzipien moderner Personalführung zu vereinbaren: Die Ziele der Beurteilung können nur dann erreicht werden, wenn die Beurteilung mit dem betroffenen Mitarbeiter durchgesprochen wird.

Sie erleichtern sich die Führung dieser Gespräche, wenn Sie Ihrem Mitarbeiter laufend Rückmeldungen über seine Leistungen geben.

(3) Gesprächsphasenkonzept »Beurteilung durchsprechen«

Gesprächsphasen	Empfehlungen für die Gesprächsführung
1 Gespräch eröffnen	– Voraussichtliche Dauer des Gesprächs nennen.
2 Gesamtbeurteilung bekanntgeben	– Mit Positivem beginnen. – Gute Leistungen hervorheben (und erläutern). – Wesentliche Mängel nennen und durch Soll-Ist-Vergleich begründen. – Erläuterungen geben.
3 Leistungsmängel erörtern	– Stellungnahme des Mitarbeiters abwarten. – Ursachen für schwache Leistungen möglichst vom Mitarbeiter selbst finden lassen. – Übereinstimmendes betonen. – Unterschiedliche Auffassungen erörtern. (Begründete Aussagen des Mitarbeiters in die Beurteilung aufnehmen.)

91

4 Leistungsverbesserung planen	– Vorstellungen über Verbesserungsmöglichkeiten erfragen. – Eigene Erwartungen nennen; Vorschläge unterbreiten – Fortbildungsmöglichkeiten anbieten und erörtern. – Ziele hinsichtlich der Leistungen und des Verhaltens festlegen. – Maßnahmenplan zur Zielerreichung aufstellen.
5 Ergebnis zusammenfassen	– Wesentliche Gesichtspunkte wiederholen.
6 Gespräch beenden	– Erfolg für geplante Vorhaben wünschen. – Mit Phase 5 verknüpfen.

(4) Zusätzliche Empfehlungen für die Gesprächsführung

– Lenken Sie das Gespräch so, daß Ihr Mitarbeiter seine Leistungsmängel selbst anspricht und Ihr Mitarbeiter nicht in eine Angeklagtenrolle gerät.
– Bieten Sie Ihrem Mitarbeiter Hilfe bei seinen Verbesserungsbemühungen an.
– Beschränken Sie sich auf die Punkte, die für den Arbeitsplatz Ihres Mitarbeiters besonders wichtig sind.
– Bringen Sie zu Beginn und am Ende positive Einzelergebnisse.
– Schwächen Sie Ihre Kritik nicht ab, etwa mit Worten wie »ein bißchen«, »vielleicht«, »eigentlich«.

(5) Empfehlungen für die Nachbereitung

– Vereinbarte Maßnahmen zur Leistungsverbesserung Ihres Mitarbeiters einleiten und deren Durchführung kontrollieren.
– Ständig Interesse an den Verbesserungsbemühungen Ihres Mitarbeiters zeigen und ihm darüber Rückmeldung geben.
– Vereinbarte Kontrollen durchführen.

7. Vorbereiten des Mitarbeitergesprächs

Welche Vorteile bringt Ihnen das Vorbereiten Ihrer Gespräche?	
Welche Mitarbeitergespräche sollten Sie vorbereiten?	
7.1	Allgemeine und spezielle Gesprächsvorbereitung
7.1.1	Allgemeine Gesprächsvorbereitung – Ziel festlegen – Auf den Mitarbeiter einstimmen – Gesprächsgegenstand analysieren – Günstige Rahmenbedingungen sichern
7.1.2	Spezielle Gesprächsvorbereitung – Individuellen Gesprächsplan erarbeiten – Anforderungen an einen Gesprächsplan – Wie soll mit einem Gesprächsplan gearbeitet werden? – Gesprächsplan für ein kleines Mitarbeitergespräch – Gesprächsplan für ein großes Mitarbeitergespräch mit Gesprächsphasenkonzept – Gesprächsplan für ein großes Mitarbeitergespräch ohne Gesprächsphasenkonzept

Jeder Vorgesetzte weiß aus eigener Erfahrung, daß Mitarbeitergespräche nicht so verlaufen, wie er es will. Sie verlaufen auch nicht so, wie der Mitarbeiter es will. Mitarbeitergespräche verlaufen vielmehr so, wie beide Beteiligten es wollen.

Allein aus diesen Gründen ist es unmöglich, alle Aktionen und Reaktionen Ihres Mitarbeiters beim Vorbereiten eines Mitarbeitergesprächs vorauszusehen. Außerdem wirken noch andere Faktoren auf Inhalt und Verlauf des Gesprächs ein. Beispielsweise der Ort des Gesprächs, die aktuelle Situation, der Gesprächsgegenstand, das Organisationsklima.

Es wäre jedoch verfehlt, daraus abzuleiten: Wenn das so ist, hat es keinen Sinn, Gespräche vorzubereiten. Im Gegenteil: Gerade der nicht vorhersehbare Gesprächsverlauf und die vielen Einflußfaktoren sind es, die eine Vorbereitung erforderlich machen. Jedes Mitarbeitergespräch soll Maßarbeit sein: Wenn Sie Ihr Mitarbeitergespräch vorbereiten, wird Ihr Mitarbeiter das nicht nur als sachdienlich, sondern auch als wertschätzend erleben.

Welche Vorteile bringt Ihnen das Vorbereiten Ihrer Gespräche?

Zunächst gibt es Ihnen Sicherheit: Sie fühlen sich der Situation besser gewachsen. Je nach Umfang und Intensität Ihrer Vorbereitung ergeben sich weitere Vorteile:

– Sie werden Ihre Mitarbeitergespräche flexibler und reibungsloser führen.
– Sie haben einen roten Faden und können Ihr Gespräch daher sinnvoll gegliedert auf das Ziel ausrichten.
– Sie werden Ihr Gespräch mitarbeiterorientiert führen.
– Sie werden Ihren Mitarbeiter angemessen am Gespräch beteiligen.
– Sie werden alle wesentlichen Gesprächspunkte behandeln.
– Sie werden Ihre Gesprächsziele mit geringerem Zeitaufwand erreichen.

Welche Mitarbeitergespräche sollten Sie vorbereiten?

Es empfiehlt sich, folgende Mitarbeitergespräche vorzubereiten:

1. Alle großen Mitarbeitergespräche.
2. Kleine Mitarbeitergespräche dann, wenn sie bedeutsam sind und eines der folgenden Kriterien zutrifft:
   – wenn Sie bisher nur wenige Mitarbeitergespräche geführt haben,
   – wenn der Inhalt vom Mitarbeiter vermutlich negativ erlebt werden wird (beispielsweise bei Soll-Unterschreitungen, unangenehmen Aufträgen, kurzfristigen Schichtänderungen),
   – wenn Sie das Gespräch als schwierig einschätzen.

Die Vorbereitung von Mitarbeitergesprächen ist in diesem Kapitel sehr ausführlich dargestellt. Es ist jedoch nur in Ausnahmefällen nötig, alle beschriebenen Vorbereitungsschritte zu gehen. Häufig reichen bereits wenige Minuten aus, um ein Mitarbeitergespräch vorzubereiten. In vielen Situationen genügt es sogar, wenn Sie den Ablauf in Gedanken planen.

7.1 Allgemeine und spezielle Gesprächsvorbereitung

Die spezielle Vorbereitung ist nur dann erforderlich, wenn Sie sich einen schriftlichen Gesprächsplan erarbeiten wollen.

Die allgemeine Vorbereitung bildet die Grundlage für die spezielle Vorbereitung. Nach meinen Erfahrungen genügt die allgemeine Vorbereitung, für alle kleinen Mitarbeitergespräche und für solche großen Mitarbeitergespräche, die Sie als unkompliziert einschätzen.

7.1.1 Allgemeine Gesprächsvorbereitung

Aufgaben der allgemeinen Gesprächsvorbereitung

(1) Ziel festlegen
(2) Auf den Mitarbeiter einstimmen
(3) Gesprächsgegenstand analysieren
(4) Günstige Rahmenbedingungen sichern

---

(1) Ziel festlegen

Welches Ziel will ich erreichen? Beginnen Sie Ihre Vorbereitung mit dieser Schlüsselfrage. Zur Präzisierung Ihres Ziels sollten Sie diese Frage aufspalten. Dafür liefert Ihnen der Fragenkatalog 1 auf Seite 96 Beispiele. Sein allgemein gehaltener Aufbau macht es erforderlich, ihn der jeweiligen Situation anzupassen.

(2) Auf den Mitarbeiter einstimmen

Die Mitarbeiterorientierung erfordert es, daß Sie sich auf Ihren Mitarbeiter einstimmen, indem Sie ihn gedanklich in Ihre Vorbereitungsaktivitäten einbeziehen.

Erfahrungsgemäß bildet dieser Schritt häufig das Kernstück der Gesprächsvorbereitung: Wer es versteht, sich auf seinen Mitarbeiter gut einzustellen, wird immer wieder erleben, daß in seinem Mitarbeitergespräch eine angenehme Atmosphäre herrscht, und daß er viele seiner Ziele erreicht (Fragenkatalog 2 auf Seite 96).

Praxistip

Machen Sie diesen all-
gemeinen Fragenkatalog
zu Ihrem individuellen
Werkzeug, indem Sie ihn
an Ihre eigene Situation
anpassen.

Fragenkatalog 1

Was muß ich hinsichtlich meines Gesprächsziels beachten?

1. Was muß der Mitarbeiter anschließend wissen?
   - Will ich den Mitarbeiter nur allgemein informieren?
   - Soll er die Informationen weitergeben können?
   - Soll er diese Informationen bei seiner Tätigkeit anwenden?

2. Was muß der Mitarbeiter anschließend können?
   - Welche Tätigkeit soll er ausführen können?
   - Welche Arbeitsabläufe soll er beherrschen?
   - Welches Produkt soll er verkaufen können?

3. Was muß der Mitarbeiter anschließend tun?
   - Welchen Auftrag soll er übernehmen?
   - Wie soll er seine Kundenbesuche organisieren?
   - Welche Arbeit soll er beim Kunden X ausführen?

4. Welches Verhalten erwarte ich in Zukunft vom Mitarbeiter?
   - Wie soll er sich mir gegenüber verhalten?
   - Wie soll er mit seinen Kollegen/seinen Mitarbeitern umgehen?
   - Wie soll er sich gegenüber einem bestimmten Kunden/gegenüber allen Kunden
     verhalten?

5. Was will ich vom Mitarbeiter erfahren?
   - Wie schätzt er die entstandene Situation ein?
   - Wie hat er den Vorfall erlebt?
   - Welche Lösungsmöglichkeiten sieht er?

Fragenkatalog 2

Was muß ich hinsichtlich der Person meines Mitarbeiters beachten?

1. Allgemeine Überlegungen
   - Wie sind seine Leistungen?
   - Wie ist er an seiner Arbeit interessiert?
   - Wie verhält er sich zu seinen Kollegen?
   - Wie lange gehört er dem Unternehmen an?

2. Spezielle Überlegungen
   - Wie verhält er sich mir gegenüber?
   - Wie reagiert er normalerweise?
   - Welche Emotionen werde ich vermutlich auslösen?
   - Mit welchen Einwänden/mit welchen Widerständen muß ich rechnen?
   - Welche besonderen Erwartungen und welche besonderen Wünsche des
     Mitarbeiters kann/soll ich berücksichtigen?

(3) Gesprächsgegenstand analysieren

Beschäftigen Sie sich mit dem Gesprächsgegenstand, um sich sachliche Sicherheit zu verschaffen. Hierbei geht es vor allem um folgende Überlegungen:

– Welche Informationen will ich dem Mitarbeiter geben?
– Welche Informationen will ich vom Mitarbeiter einholen?
– Welches Thema/welches Problem will ich mit dem Mitarbeiter erörtern?

Bei der Beschäftigung mit dem Gesprächsgegenstand ergibt sich beinahe zwangsläufig die Frage: Welche Informationen und Unterlagen benötige ich?

Sie können diese Frage selten sofort abschließend beantworten. Häufig merken Sie erst gegen Ende Ihrer Vorbereitung, welche Unterlagen Sie benötigen. Verwenden Sie viel Sorgfalt auf diesen Aspekt Ihrer Vorbereitung: Es gibt Ihnen Sicherheit, wenn Sie wissen, daß Sie alle Informationen verfügbar haben, sei es nun mündlich oder schriftlich. Außerdem – und das ist sehr wichtig – kann Ihr Mitarbeiter von Ihnen erwarten, daß Sie sich sorgfältig auf das Gespräch vorbereiten.

Mitarbeiterorientierung bedeutet hier, die Informationen adressatengerecht aufzubereiten, indem Sie insbesondere,

– die Sprachebene des Mitarbeiters beachten: Wie muß ich formulieren, beispielsweise konkret, mit kurzen Sätzen, ohne Fremdwörter usw., oder kann ich eine höhere Sprachebene wählen;
– die Informationen angemessen dosieren;
– Pläne, Skizzen, Diagramme vorbereiten oder sich darauf einstellen, sie während des Gesprächs zu entwickeln.

(4) Günstige Rahmenbedingungen sichern

In diesem Abschnitt erhalten Sie Antworten zu den Fragen: Wo, wann und wie sollen Mitarbeitergespräche geführt werden?

Wo?

Ideal ist es, wenn Sie alle Gespräche für besondere Führungssituationen in Ihrem Büro führen, vorausgesetzt, Sie haben ein Einzelzimmer und können Unterbrechungen weitgehend verhindern. Andernfalls sollten Sie einen anderen störungsfreien Raum wählen. Insbesondere, wenn die Inhalte des Gesprächs persönliche Angelegenheiten des Mitarbeiters betreffen, ist ein Raum ohne Störungen notwendig.

Viele große Mitarbeitergespräche können Sie im Büro Ihres Mitarbeiters führen. Dort hat er seine Unterlagen bei der Hand. Ein weiterer Grund für die Wahl dieses Gesprächsortes: Der Mitarbeiter hat einen »Heimvorteil«, der sich im Regelfall günstig auf die Gesprächsatmosphäre auswirkt.

Die kleinen Mitarbeitergespräche werden ohnehin am Arbeitsplatz des Mitarbeiters geführt.

Wann?

Diese Frage betrifft die großen Mitarbeitergespräche, da die kleinen Mitarbeitergespräche vorwiegend spontan geführt werden.

Schätzen Sie zunächst den Zeitbedarf ab. Wählen Sie sodann eine günstige Zeit, und zwar sowohl aus der Sicht Ihres Mitarbeiters als auch aus Ihrer Sicht. Stimmen Sie den Termin rechtzeitig mit Ihrem Mitarbeiter ab. Teilen Sie ihm dabei Anlaß, Zweck und die voraussichtliche Dauer mit. Planen Sie einen Zeitpuffer ein. Weder Sie noch Ihr Mitarbeiter sollten während des Gesprächs unter Zeitdruck stehen.

Wenig geeignet für wichtige Mitarbeitergespräche sind im allgemeinen der Montag vormittag, der Freitag nachmittag sowie der Zeitraum kurz vor Ende der Arbeitszeit.

Wie?

Führen Sie Gespräche mit persönlichen Inhalten grundsätzlich unter vier Augen. Führen Sie längere Mitarbeitergespräche möglichst nicht an Ihrem Schreibtisch, sondern an einem runden Tisch. Häufig wird das nicht realisierbar sein; ein guter Ersatz besteht in der »Übereck-Sitzordnung«. Achten Sie dabei auch auf die räumliche Distanz zu Ihrem Mitarbeiter. Als günstig haben sich dabei erwiesen:

– für eher persönliche Inhalte ca. 80 cm bis 150 cm,
– für eher sachliche Inhalte ca. 1 m bis 3 m.

Hinweis

Immer wieder entsteht die Situation, daß ein Mitarbeiter zu Ihnen ins Zimmer kommt, um lediglich etwas zu fragen oder etwas mitzuteilen. Hier empfiehlt es sich, am Schreibtisch sitzenzubleiben. Wenn Sie Ihrem Mitarbeiter in dieser Situation einen Platz anbieten würden, könnte er das als unangemessene Aufwertung seiner Mitteilung oder Frage erleben. Daher wird ihm Ihr Verhalten vermutlich als nicht situationsgerecht erscheinen und ihn verunsichern. Das wiederum könnte leicht zu einer Kommunikationsstörung führen.

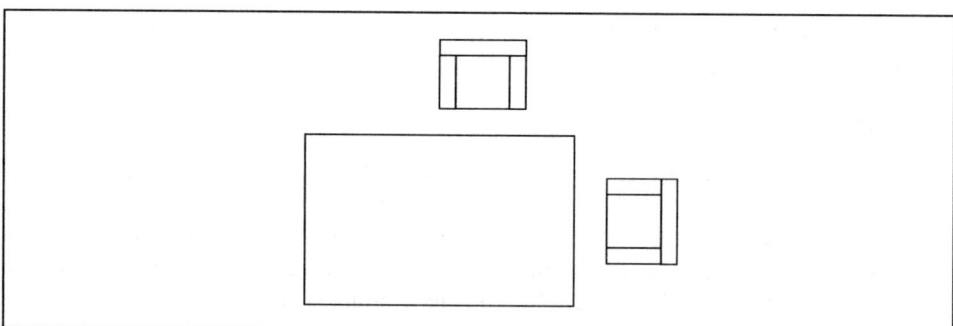

Die Übereck-Sitzordnung

7.1.2 Spezielle Gesprächsvorbereitung – Individuellen Gesprächsplan erarbeiten

Diese spezielle Vorbereitung ist nur dann erforderlich, wenn Sie einen Gesprächsplan brauchen. Diesen Gesprächsplan können Sie zu Papier bringen oder gedanklich aufstellen.

Anforderungen an einen Gesprächsplan

Ein Gesprächsplan soll die wesentlichen Gesprächsinhalte in strategisch günstiger Reihenfolge aufweisen:
– Er soll so wenig Aufzeichnungen wie möglich enthalten.
– Er soll Ihr Gespräch strategisch günstig strukturieren.
– Er soll so konzipiert sein, daß er situationsgerechte Gesprächsführung ermöglicht und flexible Improvisation nicht behindert.
– Er soll Ihnen helfen, Ihr Gesprächsziel konsequent zu verfolgen.
– Er soll Sie davor schützen, Wesentliches zu vergessen.

Wie soll mit einem Gesprächsplan gearbeitet werden?

Betrachten Sie Ihren schriftlichen Gesprächsplan als Rettungsring. Benutzen Sie ihn also nur im Notfall. Ein schriftlicher Gesprächsplan signalisiert Ihrem Mitarbeiter, daß Sie sich sorgfältig auf das Gespräch vorbereitet haben. Verbergen Sie ihn daher nicht. Ein Gesprächsplan kann sich auch negativ auswirken, und zwar dann, wenn Sie sich sklavisch daran halten, obwohl die Situation flexibles Verhalten erfordert.

In den folgenden Ausführungen wird unterschieden zwischen einem Gesprächsplan für kleine Mitarbeitergespräche und einem Gesprächsplan für große Mitarbeitergespräche.

Gesprächspläne für große Mitarbeitergespräche sind aufgeteilt in
– Mitarbeitergespräche mit Gesprächsphasenkonzept und
– Mitarbeitergespräche ohne Gesprächsphasenkonzept.

Gesprächsplan für ein kleines Mitarbeitergespräch

Für die wenigen Fälle, in denen Sie einen Gesprächsplan für ein kleines Mitarbeitergespräch brauchen, genügt ein einfacher schriftlicher oder lediglich gedanklich konzipierter Gesprächsplan.

Beschränken Sie sich dabei auf Notizen zu folgenden Aspekten:
– Welches Ziel will ich erreichen?
– Welche Informationen muß ich dem Mitarbeiter geben?
– Welche Informationen will ich vom Mitarbeiter einholen?
– Welchen Themenaspekt will ich ansprechen?

Gesprächsplan für ein großes Mitarbeitergespräch mit Gesprächsphasenkonzept

Benutzen Sie das Gesprächsphasenkonzept als Checkliste, indem Sie zunächst prüfen, ob die Phasenfolge (Spalte 1) Ihrer aktuellen Situation gerecht wird. Nur in seltenen Fällen wird es nötig sein, die angebotene Phasenfolge zu ändern. Filtern Sie sodann die Empfehlungen aus Spalte 2 heraus, die für die einzelnen Phasen Ihres aktuellen Gesprächs sehr wichtig sind. In diesem Zusammenhang sei daran erinnert, daß diese Empfehlungen auf Standardsituationen zugeschnitten sind. Daher kann es in Einzelfällen nötig sein, Alternativen oder zusätzliche Vorgehensweisen zu suchen. Verdichten Sie das Ergebnis abschließend zu Ihrem individuellen Gesprächsplan.

Kritik aussprechen (individueller Gesprächsplan)

1. Dreimal in vier Wochen zu spät (Kontrollbuch).
2. Gründe?
3. Ermahnen, Konsequenzen.
4. Wie kann pünktlicher Arbeitsbeginn sichergestellt werden?
5. Lösung/Vereinbarung präzisieren.
6. Anspornen.

Struktur eines einfachen individuellen Gesprächsplans

Gesprächspläne sind etwas sehr Individuelles: Daher sollte dieser Gesprächsplan lediglich als eine von vielen Möglichkeiten und nicht als Muster betrachtet werden.

Das Besondere an diesem Gesprächsplan besteht darin, daß die Phasenfolge – also der rote Faden – aus einer Kombination von Gesprächsaufgaben, Empfehlungen für die Gesprächsführung und aktuellen Fakten besteht. Diese Kombination macht es möglich, einen Gesprächsplan auf wenige Wörter zu beschränken.

Gesprächsplan für ein großes Mitarbeitergespräch ohne Gesprächsphasenkonzept

Für diese Mitarbeitergespräche müssen Sie Ihren Gesprächsplan sozusagen freihändig entwickeln. Hierfür empfehle ich eine Vorgehensweise, die sich deutlich an das Schema der Gesprächsphasenkonzepte anlehnt.

1. Vorbereitungsschritt

Schreiben Sie zunächst die wesentlichen Gesprächsinhalte in Form von Aufgaben auf.

2. Vorbereitungsschritt

Bringen Sie diese Aufgaben in eine logisch und psychologisch sinnvolle Reihenfolge, indem Sie dabei gleichrangig aufgaben- und mitarbeiterorientiert vorgehen.

Das Ergebnis dieses Vorbereitungsschrittes entspricht in etwa der Phasenfolge, die Ihnen die Gesprächsphasenkonzepte (in der Spalte 1) fertig liefern.

3. Vorbereitungsschritt

– Ordnen Sie jetzt den einzelnen Phasen zu,
  - welche Informationen Sie Ihrem Mitarbeiter geben wollen,
  - welche Informationen Sie vom Mitarbeiter erfragen wollen,
  - welche Themenaspekte Sie mit dem Mitarbeiter erörtern wollen.
– Überlegen Sie bei diesem Schritt zusätzlich, wie Sie die einzelnen Gesprächsaufgaben wahrnehmen wollen.
– Diesen Schritt können Sie sowohl rein gedanklich als auch schriftlich ausführen.

4. Vorbereitungsschritt

Ihr letzter Vorbereitungsschritt besteht darin, Ihre Aufzeichnungen in einen individuellen Gesprächsplan umzuformen und zu einem Gesprächsplan zu verdichten, der den auf Seite 99 beschriebenen Anforderungen entspricht.

Praxistip

Experimentieren Sie mit Ihren Gesprächsplänen, bis Sie eine »Standardform« gefunden haben, die Ihren individuellen Ansprüchen optimal entspricht.

8. Grundlagen der zwischenmenschlichen Kommunikation

Wer Mitarbeitergespräche führt, sollte auch wissen, was es heißt: Miteinander kommunizieren.

Dieses Kapitel beschreibt, daß an der Kommunikation immer der ganze Mensch mit seinen Empfindungen und Gefühlen beteiligt ist, daß es Grundstrukturen in der mündlichen Kommunikation gibt, und daß Ablauf und Inhalt eines Kommunikationsvorgangs vorwiegend vom Verhalten der daran Beteiligten bestimmt werden.

8.1 Was ist zwischenmenschliche Kommunikation?

Zwischenmenschliche Kommunikation[*] ist der Austausch von Informationen zwischen zwei oder mehreren Personen. Diese Informationen bestehen aus sprachlichen und nicht-sprachlichen Signalen:

– Sprachliche Signale werden durch das gesprochene »Wort« vermittelt (Lautsprache).
– Nichtsprachliche Signale werden durch Gestik, Mimik und Tonfall, durch Sitzposition, räumliche Nähe und Distanz usw. (Körpersprache) vermittelt .

Das gesamte Verhalten in zwischenmenschlichen Situationen hat Informationswert: Der Mensch kann nicht nicht kommunizieren (Paul Watzlawik).

Kommunikation ist Wechselwirkung: In Kommunikationssituationen beeinflussen sich die daran Beteiligten wechselseitig. Dieser Beeinflussungsprozeß wird auch als Interaktion bezeichnet.

Die Bedeutung nichtsprachlicher Kommunikation

Ihre nichtsprachlichen Signale wirken sich ganz entscheidend auf Verlauf und Ergebnis Ihrer Mitarbeitergespräche aus.

Sprachliche Signale	Nichtsprachliche Signale	
Sprechinhalt	Sprechweise	Verhalten (Körpersprache)
	Stimmlage Lautstärke Sprechtempo Sprechmelodie	Mimik Gestik Haltung Abstand zum Gesprächspartner

Sprachliche und nichtsprachliche Signale

Die Möglichkeiten unserer Körpersprache und unserer Sprechweise wenden wir vorwiegend unbewußt an. Daher stimmen unsere nichtsprachlichen Botschaften im allgemeinen mit dem überein, was wir aussprechen und an Inhalten mitteilen. Diese Harmonie unserer nichtsprachlichen und sprachlichen Botschaften stellt sicher, daß wir »richtig« verstanden werden.

---

[*] Anm. Zur Vereinfachung verwenden wir von hier ab die Bezeichnung »Kommunikation« anstelle der Bezeichnungen »zwischenmenschliche Kommunikation« und »sprachliche Kommunikation«.

Bei Widersprüchen zwischen den nichtsprachlichen Signalen einerseits und dem Gesprochenen andererseits lösen wir bei unseren Gesprächspartnern Unsicherheit und Mißverständnisse aus.

Verhalten Sie sich daher situationsgerecht und wesensgemäß (Schulz von Thun sagt »stimmig«); dann können Sie davon ausgehen, daß das, was Sie sprachlich ausdrücken, mit dem, was Sie nichtsprachlich signalisieren, mit großer Wahrscheinlichkeit übereinstimmt.

Nichtsprachliche Signale haben einen großen Informationswert. Viele Informationen werden sogar ausschließlich nichtsprachlich übermittelt. Die Körpersprache kann für die zwischenmenschliche Beziehung wichtiger als die Lautsprache sein.

Nichtsprachliche Signale erfüllen wesentliche Funktionen:

– Sie steuern sehr stark den Kommunikationsprozeß, indem sie unter anderem das Ineinandergreifen der Gesprächsbeiträge sichern.
– Sie regulieren die zwischenmenschlichen Beziehungen der Kommunikationspartner.
– Sie helfen, die sprachlichen Informationen besser zuzuordnen und besser zu verstehen.

Nichtsprachliche Signale sind vieldeutig, daher ist Vorsicht bei ihrer Interpretation geboten. Wenn Sie derartige Signale deuten wollen, müssen Sie das Gesamtverhalten Ihres Gesprächspartners und die aktuelle Situation berücksichtigen.

8.2 Ein Kommunikationsmodell

Der komplexe Vorgang der Kommunikation läßt sich gut an dem Modell erläutern, das von dem Hamburger Psychologen Friedemann Schulz von Thun entwickelt worden ist. Danach hat jede Nachricht vier Seiten und kann vom Kommunikationspartner mit vier »unterschiedlichen Ohren« gehört und verstanden werden.

Lesehinweis

Die folgenden Ausführungen orientieren sich zu einem großen Teil an dem Buch »Miteinander reden: Störungen und Klärungen«, Schulz von Thun 1987 (s. Literaturverzeichnis).

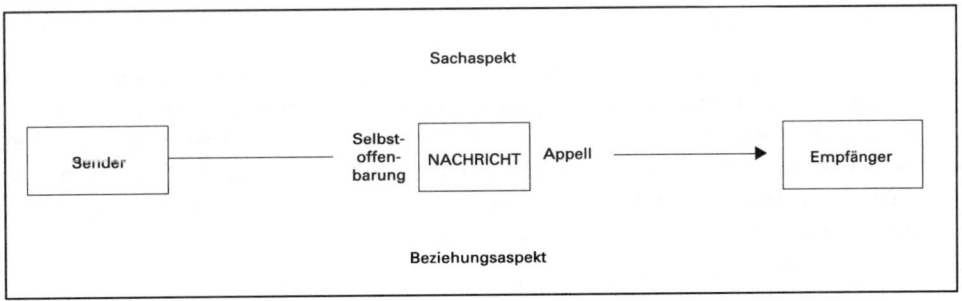

Ein Kommunikationsmodell

8.2.1 Vier Seiten einer Nachricht aus der Sicht des Senders

> **Nicht was gesagt ist, ist wahr, sondern was ankommt, ist wahr. Die Botschaft entsteht beim Empfänger.**
>
> *nach Schulz von Thun*

Wenn Sie Ihrem Mitarbeiter etwas mitteilen, dann

- senden Sie eine Nachricht = Sachaspekt,
- sagen Sie etwas über Ihre Beziehung zu Ihrem Mitarbeiter aus und darüber, wie Sie ihn einschätzen = Beziehungsaspekt,
- stellen Sie sich selbst dar = Selbstoffenbarungsaspekt,
- beeinflussen Sie Ihren Mitarbeiter = Appellaspekt.

(1) Der Sachaspekt

Er betrifft den Inhalt und ist häufig auch der Anlaß des Mitarbeitergesprächs. Im Gespräch geht es beispielsweise um das Ergebnis einer Kontrolle, den Inhalt eines Auftrags, den Gegenstand eines Problems.

(2) Der Beziehungsaspekt

Im Mitarbeitergespräch ist der Beziehungsaspekt Ihrer Gesprächsbeiträge und Ihres nichtsprachlichen Verhaltens auf die Person des Mitarbeiters gerichtet. Er kennzeichnet, welches »Mensch-zu-Mensch-Verhältnis« zwischen Ihnen und Ihrem Mitarbeiter besteht. In jeder Nachricht sind nämlich auch Informationen darüber enthalten, wie Sie zu Ihrem Mitarbeiter stehen. Im Gespräch stabilisieren oder verändern Sie immer – bewußt oder unbewußt – die Beziehung zu Ihrem Mitarbeiter.

Der Sach- und der Beziehungsaspekt sind untrennbar miteinander verbunden. In der Literatur werden für Sachaspekt und Beziehungsaspekt auch die Bezeichnungen »Sachebene« und »Beziehungsebene« verwendet. Paul Watzlawik geht sogar so weit, daß er formuliert: »Der Beziehungsaspekt ist dem Sachaspekt übergeordnet.«

(3) Der Selbstoffenbarungsaspekt

> **Verhalten Sie sich echt, ohne Fassade. Das gibt Ihrem Mitarbeiter Verhaltenssicherheit, und Ihnen erleichtert es die Gesprächsführung.**

Wenn eine Person etwas sagt, liefert sie gleichzeitig auch Informationen über sich selbst: Jede Nachricht ist eine Kostprobe der Persönlichkeit. Dieser Aspekt der Nachricht kann beabsichtigt sein, dann spricht man von der »Selbstdarstellung«. Er kann auch unbeabsichtigt sein, dann spricht man von der »Selbstenthüllung«. Nichtsprachliche Signale sind immer direkte Kostproben der Persönlichkeit, denn sie werden überwiegend unbewußt und unkontrolliert gesendet.

Wir empfehlen Ihnen: Überlassen Sie die Wirkung Ihres Kommunikationsverhaltens nicht dem Zufall, sondern verhalten Sie sich möglichst so, daß bei Ihrem Mitarbeiter das Bild von Ihnen entsteht, das er nach Ihrer Meinung von Ihnen haben soll.

(4) Der Appellaspekt

Mit jeder Nachricht will der Sender auf den Gesprächspartner Einfluß nehmen, und zwar auf sein Denken, Fühlen oder Handeln. Die Appelle können sprachlich oder nichtsprachlich sowie direkt oder indirekt übermittelt werden.

Die Bezeichnung »Appellaspekt« könnte den Eindruck erwecken, daß der Vorgesetzte immer große Aktivitäten vom Mitarbeiter erwartet. Häufig sollen diese Appelle jedoch nur kleine Aktivitäten auslösen, beispielsweise

– dem Vorgesetzten zuzuhören,
– über etwas nachzudenken,
– etwas mitzuteilen.

Vermeiden Sie verdeckte Appelle. Verdeckt ist ein Appell dann, wenn in einer Aussage (sprachlich und nichtsprachlich) der Appellcharakter nicht zweifelsfrei zu erkennen ist. Sprechen Sie Ihre Appelle stets direkt aus, dann hat Ihr Mitarbeiter die Chance, zu verstehen, was Sie von ihm erwarten.

8.2.2 Die vier Seiten einer Nachricht aus der Sicht des Empfängers

Bisher behandelten wir die vier Seiten einer Nachricht lediglich aus der Sicht des Senders, und das ist im wahrsten Sinne des Wortes einseitig. Der Empfänger nimmt nämlich ebenfalls die vier Seiten einer Nachricht wahr: Er hat vier Ohren (frei nach Schulz von Thun).

Aus Sicht des Empfängers stellt sich das »Vier-Ohren-Phänomen« etwa so dar:

1. Der Sachaspekt	Wie ist das, was mein Vorgesetzter sagt, zu verstehen?
2. Der Beziehungsaspekt	Was hält mein Vorgesetzter von mir? Wie ist seine Beziehung zu mir? (Hier wird vom Mitarbeiter hineingelegt und hineingehört: Wie redet er heute mit mir? Was glaubt er wohl, wen er vor sich hat?)
3. Selbstoffenbarungsaspekt	Was ist mein Vorgesetzter für ein Mensch? Weshalb verhält er sich heute so? Was ist mit ihm?
4. Appellaspekt	Was erwartet mein Vorgesetzter von mir? Was soll ich tun?

Praxistip
Prüfen Sie, inwieweit Sie selbst die vier Aspekte einer Nachricht ausgewogen wahrnehmen.

Wie wirkt sich das »Vier-Ohren-Phänomen« aus?

Kommunikation kann nur dann störungsfrei ablaufen, wenn der Empfänger jeweils das heraushört, was der Sender mit seiner Nachricht mitteilen wollte. Das kann ihm jedoch nur dann gelingen, wenn seine »vier Ohren« gleichmäßig entwickelt und dadurch für alle vier Aspekte einer Nachricht gleichermaßen offen sind.

Wenn nämlich ein Ohr des Empfängers besonders groß ist, beispielsweise das »Beziehungs-Ohr«, dann würde er aus jeder Nachricht zunächst und überwiegend das heraushören, was der Gesprächspartner wohl von ihm hält. Diese Überbewertung des Beziehungsaspekts hätte zur Folge, daß der Empfänger die anderen drei Aspekte der Nachricht nur eingeschränkt wahrnehmen würde. Die Auswirkungen davon wären Kommunikationsstörungen, weil beide Beteiligte immer wieder aneinander vorbeireden und sich vermutlich nicht verstehen würden. Kommunikationsstörungen würden auch entstehen, wenn eines der »Vier-Ohren« verkümmert wäre.

8.3 Sachebene und Beziehungsebene im Betriebsalltag

Das Mitarbeitergespräch sollte in hohem Maße funktional sein. Gleichwohl ist es wichtig, daß der Vorgesetzte die Sach- und Beziehungsebene gleichrangig beachtet. Dann wird er mit seinen Mitarbeitergesprächen im weitesten Sinne den Unternehmenserfolg steigern und gleichzeitig einen Beitrag zur Zufriedenheit jedes einzelnen Mitarbeiters leisten.

Die Beziehungsebene im Mitarbeitergespräch

Im Mitarbeitergespräch hängt es vorwiegend von der Beziehungsebene ab,

- inwieweit Ihr Mitarbeiter Sie als sympathisch erlebt,
- ob Ihr Mitarbeiter die Gesprächsatmosphäre als angenehm erlebt,
- in welchem Maße Sie die Sicherheit Ihres Mitarbeiters fördern,
- inwieweit Sie die Motivation Ihres Mitarbeiters steigern,
- ob Ihr Mitarbeitergespräch zur Verbesserung des Betriebsklimas beiträgt.

Zusammenfassend kann formuliert werden:

Die Beziehungsebene wirkt sich im Mitarbeitergespräch sehr stark auf den Kommunikationsstil, das Organisationsklima, die Unternehmenskultur und damit auch auf die betriebliche Lebensqualität aus.

Inwieweit berücksichtigt dieses Buch das Kommunikationsmodell?

Den vier Seiten einer Nachricht können ausdrücklich folgende ausgewählte Inhalte dieses Buches zugeordnet werden:

(1) Dem Sachaspekt

– Informationen verständlich formulieren.
– Informationen visualisieren.

(2) Dem Beziehungsaspekt

– Die Kernaussage dieses Buches.
– Persönlichen Kontakt herstellen.
– Den Pygmalion-Effekt nutzen.
– Gefühle des Mitarbeiters ansprechen.
– Mitarbeiterorientierte Gesprächsführung.
– Aktives Zuhören.
– Kleine Mitarbeitergespräche zur Kontakt- und Beziehungspflege.

(3) Dem Selbstoffenbarungsaspekt

– Sich wesensgemäß und situationsgerecht verhalten.
– Eigene Gefühle aussprechen.
– Ich-Botschaften senden.

(4) Dem Appellaspekt

– Mitarbeitergespräche lenken.
– Überzeugungsarbeit leisten.

9. Wie Sie Ihre Fähigkeiten zur Gesprächsführung verbessern können

Dieses abschließende Kapitel bietet Ihnen zahlreiche Empfehlungen und Tips an, mit denen Sie Ihre Fähigkeiten in der Gesprächsführung selbstgesteuert und zielgerichtet verbessern können.

9.1	Wie Sie mit diesem Buch arbeiten können – Setzen Sie sich Leseziele
9.2	Wie Sie Ihren Lernbedarf ermitteln können
9.3	Wie Sie Ihr selbständiges Training vorbereiten können – Trainingsziele ordnen
9.4	Wie Sie trainieren können – In welchen Situationen Sie trainieren können – Mit Erinnerungshilfen arbeiten – Wie Sie Ihren Trainingserfolg prüfen können
9.5	Ausblick

> **Alle Dinge sind schwer, bevor sie leicht werden.**
>
> *Persisches Sprichwort*

Die Empfehlungen, Hinweise und Tips dieses Buches werden Sie nicht durch bloßes Lesen aufnehmen und verstehen können. Vielmehr müssen Sie sie erproben und üben.

Die Erfahrung lehrt, daß es schwierig ist, sich neue Techniken und Verhaltensweisen anzueignen und sich von eingefahrenen Handlungsabläufen zu lösen. Deshalb ist es angebracht, selbstgesteuertes Lernen zielgerichtet zu planen und zielgerichtet zu verwirklichen.

In den vorangegangenen Kapiteln wurde mehrfach darauf hingewiesen, daß es keine Standardlösungen und Patentrezepte für die Gesprächsführung gibt. Daher geht es hier auch nicht um den Erwerb motorischer Verhaltensfertigkeiten und von den Intentionen partnerschaftlicher Gesprächsführung losgelöster Techniken. Es geht vielmehr um solche Fähigkeiten für die Gesprächsführung, die generelle, situationsübergreifende Gültigkeit haben.

Es geht auch nicht darum, in Zukunft Fehler zu vermeiden. Das kann Ihnen kein Trainer und kein Buch versprechen, denn Fehler sind unvermeidbar. Das Ziel kann unter diesem Blickwinkel nur darin bestehen, Sie zu befähigen, so wenig Fehler wie möglich zu machen. Hier könnten Sie fragen: »Worauf richtet dieses Buch denn mein selbstgesteuertes Lernen aus?«

Auch hier – wie so oft in diesem Buch – geht es um zwei eng miteinander verzahnte »Ebenen«:

(1) Situationsbezogenes Lernen
     (Was hilft mir bei meinen Mitarbeitergesprächen?)
     und
(2   Entwicklung individueller Kommunikationsfähigkeiten.

Die wiederum betreffen vorwiegend das »WIE sage ich es«. Dieses WIE setzt sich aus dem Sprachlichen und dem Nichtsprachlichen zusammen. Auf den sprachlichen Aspekt des WIE ist dieses Buch ausgerichtet. Nichtsprachliche Aspekte des WIE werden ausschließlich im Kapitel 8 behandelt.

Mit den folgenden Tips können Sie sich auf Ihr selbstgesteuertes Lernen einstimmen:

> – Unterschätzen Sie nicht die eigenen Fähigkeiten.
> – Konkurrieren Sie mit sich selbst und nicht mit anderen.
> – Setzen Sie auf Erfolg und nicht auf Perfektion.
> – Gehen Sie Risiken ein.

Ihre Lernfortschritte werden Sie bei Ihrem selbstgesteuerten Lernen unterstützen: Nichts ist so erfolgreich, wie der Erfolg.

9.1 Wie Sie mit diesem Buch arbeiten können

Machen Sie dieses Buch zu Ihrem individuellen Werkzeug. Kennzeichnen Sie beispielsweise solche Inhalte, die für Sie wichtig, neu oder nicht sofort verständlich sind. Außerdem sollten Sie den Rand für Notizen nutzen.

Setzen Sie sich Leseziele

Damit Sie sich beim Markieren und Kennzeichnen im Hinblick auf Ihr Lernvorhaben auf das Wesentliche konzentrieren können, empfiehlt es sich, zunächst Leseziele festzulegen. Sie helfen Ihnen, den Inhalt des Buches zu erschließen. Außerdem können Sie sich mit selbst formulierten Lesezielen in eine Art Spannung versetzen.

Als hilfreich haben sich allgemeine und problemorientierte Leseziele erwiesen:

– allgemeine Leseziele erfordern eine Nachbearbeitung des Gelesenen;
– problemorientierte Leseziele werden aus dem aktuellen Lernbedarf abgeleitet.

Allgemeine Leseziele (Auswahl)

– Was bezweckt der Verfasser?
– Welche Erwartungen habe ich an das Buch?
– Was war für mich besonders interessant?
– Was war für mich neu?
– Wo, in welchen Situationen kann ich bestimmte Inhalte anwenden?

Problemorientierte Leseziele (Auswahl)

– Worüber möchte ich gern mehr wissen?
– Wonach suche ich schon seit langem?

oder noch präziser:

– Womit kann ich die Verständlichkeit meiner Gesprächsbeiträge verbessern?
– Worauf muß ich beim Überzeugen meiner Mitarbeiter achten?
– Welche Möglichkeiten habe ich, einen durchschnittlichen Mitarbeiter zu loben?
– Worauf muß ich bei der Einführung eines neuen Mitarbeiters achten, wenn ich ihm unsere komplexen Arbeitsabläufe erkläre?
– Wie könnte ich reagieren, wenn sich mein Mitarbeiter während eines Gesprächs unangemessen verhält?

Aus diesen Fragen wird ersichtlich, daß dem Formulieren von problemorientierten Lesezielen ein Schritt vorausgehen muß, nämlich die Ermittlung des Lernbedarfs: Was möchte ich in Zukunft besser machen?

Gut bewährt haben sich Symbole wie
! = Wichtig
? = Stimmt das? Trifft das für mich zu?
N = Notieren

9.2 Wie Sie Ihren Lernbedarf ermitteln können

Leser, die Ihren Lernbedarf intensiv und systematisch ermitteln möchten, finden im Anhang Fragebögen, die ihnen diese Arbeit wesentlich erleichtern. In den Fragebögen sind die Aufgaben der Führungskraft im Mitarbeitergespräch zusammengestellt, die in den Kapiteln drei bis sieben beschrieben sind.

Jeder Fragebogen sieht drei Antwortmöglichkeiten vor:
– Was gelingt mir bereits gut?
– Was möchte ich noch verbessern?
– Was möchte ich lernen?

Sie können mit den Fragebögen in drei Schritten arbeiten:

(1) Prüfen Sie jede Aufgabe anhand der Empfehlungen, die an der entsprechenden Stelle aufgeführt sind, inwieweit Sie diese beherrschen.
(2) Entscheiden Sie sich sodann für eine der drei Antworten.
(3) Kennzeichnen Sie anschließend das entsprechende Antwort-Kästchen im Fragebogen.

Aus meiner Sicht ist es ratsam, den ausgefüllten Fragebogen mit der Einschätzung anderer Personen (Ehepartner, Kollegen) zu vergleichen. Denn sehr oft messen wir unser Verhalten mit einem zu strengen oder zu milden Maßstab. Daher kann ein Vergleich Ihrer subjektiven Lernbedarfsermittlung mit dem Lernbedarf, den andere Personen bei Ihnen erleben, helfen, Ihren Lernbedarf zu objektivieren. Stellen Sie abschließend Ihre Trainingsziele aus den Fragebögen zusammen.

9.3 Wie Sie Ihr selbständiges Training vorbereiten können

Trainingsziele ordnen

Praxistip

Sie sollten sich nie mehr als drei Trainingsziele gleichzeitig vornehmen. Häufig ist es lernwirksamer, nur an einem oder an zwei Trainingszielen gleichzeitig zu arbeiten. Entscheiden Sie sich erst dann für ein neues Trainingsziel, wenn Sie ein Trainingsziel sicher erreicht haben.

Bevor Sie mit Ihrem selbständigen Trainieren beginnen, sollten Sie Ihre Trainingsziele in eine Reihenfolge bringen, die Ihnen von Beginn an Erfolg sichert. Erfahrungsgemäß kann man nämlich höchstens an drei Trainingszielen zugleich arbeiten:

(1) Suchen Sie zunächst die zehn Trainingsziele aus Ihrer Zusammenstellung heraus, die Ihnen für Ihre aktuellen Gesprächssituationen besonders wichtig sind.
(2) Bilden Sie aus diesen Trainingszielen mit Hilfe folgender Kriterien eine Reihenfolge:
– Das Trainingsziel soll Ihnen unmittelbar Erfolg bringen und
– es soll für Sie leicht erreichbar sein.

An diesen zwei Kriterien können Sie Ihre Trainingsziele messen. Das Trainingsziel, welches beiden Kriterien am besten entspricht, erhält Rangplatz 1. Das Trainingsziel, welches beiden Kriterien am zweitbesten entspricht, erhält Rangplatz 2 usw.

9.4 Wie Sie trainieren können

In welchen Situationen Sie trainieren können

Jeder lernt fortwährend von jedem. Jedes Gespräch ist ein Lernprozeß, bei dem beide Beteiligten voneinander lernen können. Daher ist das beste Übungsfeld der berufliche und der private Alltag.

Trainieren Sie zunächst nur in solchen Gesprächssituationen, die Ihre Trainingsbemühungen begünstigen. Erfahrungsgemäß dürften das insbesondere folgende Mitarbeitergespräche sein:

– Kleine Mitarbeitergespräche mit einem angenehmen Mitarbeiter.
– Große Mitarbeitergespräche mit einem einfachen Gesprächsgegenstand.

Ein ideales Experimentierfeld für Ihre Trainingsvorhaben kann Ihre Familie sein. Ihre Aktivitäten in der Freizeit (Kegelverein, Schachklub, Stammtisch) können Sie ebenfalls hervorragend als Übungsfeld nutzen, zumal Sie dort häufig ähnliche Rollen bekleiden wie im Beruf: Vereinsvorsitzender, Vorstandsmitglied, Schriftführer usw.

Ihr Training im privaten Bereich ist nicht nur mit weniger Risiko verbunden; es ist unabdingbar: Nur so können Sie sicherstellen, daß Ihr Gesprächsverhalten im beruflichen und privaten Bereich große Übereinstimmung aufweist. Begründung hierfür ist vor allem der dritte Leitsatz aus Kapitel 2.4.1: »Verhalten Sie sich wesensgemäß und situationsgerecht.«

Mit Erinnerungshilfen arbeiten

Vermutlich wissen Sie aus eigener Erfahrung, wenn Sie ein Mitarbeitergespräch führen, ist Ihre Aufmerksamkeit ganz auf die Aufgabe und auf Ihren Mitarbeiter gerichtet. Und das macht es Ihnen schwer, an Ihre Trainingsziele zu denken. Deshalb ist es notwendig, mit Erinnerungshilfen zu arbeiten, darunter verstehe ich schriftliche und symbolische Gedankenstützen.

Wo können Sie diese Erinnerungshilfen anbringen? In erster Linie sind dafür die Utensilien auf Ihrem Schreibtisch geeignet: Schreibunterlage, Tages-, Wochen- und Jahreskalender usw. Darauf können Sie Ihre Trainingsziele in Kurzform so aufschreiben, daß sie nur für Sie sichtbar sind. Ihr individueller Gesprächsplan ist dafür auch gut geeignet. Die Erinnerungshilfen auf Ihrem Schreibtisch können Ihnen auch bei kleinen Mitarbeitergesprächen helfen, und zwar dadurch, daß Sie jeweils einen Blick darauf werfen, bevor Sie Ihr Büro verlassen.

Eine spezielle Form der Erinnerungshilfe besteht darin, eine Person Ihres Vertrauens zu Ihrem Trainingspartner zu machen. Siehe hierzu die Ausführungen im folgenden Abschnitt.

> **Hinweis**
> Diese Erinnerungshilfen können und sollten Sie auch in anderen Kommunikationssituationen einsetzen, beispielsweise in Besprechungen. Nutzen Sie dort Ihre Tagesordnung für Ihre Erinnerungshilfen.

Wie Sie Ihren Trainingserfolg prüfen können

Für das Gelingen Ihres Trainings ist es unbedingt erforderlich, daß Sie immer wieder prüfen, inwieweit Sie Ihre Trainingsziele erreicht haben. Diese Prüfung besteht darin, Ihre Mitarbeitergespräche und Ihre Kommunikationssituationen im privaten Bereich zu reflektieren. Sie können diese Situationen allein oder mit fremder Hilfe auswerten. Prüfen Sie dabei auch die Auswirkungen Ihrer neuen Verhaltensweisen.

Sie prüfen Ihren Trainingserfolg allein

Beim Reflektieren Ihrer Mitarbeitergespräche und anderen Gesprächssituationen sollen Sie sich von der Frage leiten lassen:
– Was gelang mir gut? (Das sollte immer Ihre erste Frage sein.)

Gehen Sie in Gedanken zumindest wesentliche Passagen Ihrer Gespräche usw. durch. Rufen Sie sich dabei zunächst die Passagen ins Gedächtnis, in denen Sie Ihre Trainingsziele realisiert haben. Freuen Sie sich über Ihre Lernerfolge und »klopfen Sie sich selbst auf die Schulter«, indem Sie Selbstgespräche führen. Dieser Vorgang wird als Selbstverstärkung bezeichnet. Er ist eine Grundvoraussetzung für erfolgreiches Trainieren.

Anschließend überlegen Sie, was Ihnen nicht so gut gelungen ist und was Sie beim nächsten Mal besser machen wollen. Falls nötig, machen Sie sich für die kommenden Situationen selbst Mut. »Rom wurde auch nicht an einem Tag erbaut.«

Sie prüfen Ihren Trainingserfolg mit fremder Hilfe

Mit fremder Hilfe trainieren bedeutet, daß Sie mit Ihrem Trainingspartner (s. unter »Mit Erinnerungshilfen arbeiten«) erörtert haben, welche Trainingsziele Sie anstreben und mit ihm vereinbart haben, daß er Ihnen situationsangemessen mitteilt, inwieweit es Ihnen jeweils gelungen ist, Ihre Trainingsziele zu realisieren.

Dabei soll Ihr Trainingspartner folgende Reihenfolge beachten:
(1) Zuerst Gelungenes nennen und Sie loben. (Dieser Vorgang wird als Fremdverstärkung bezeichnet.)
(2) Dann die Punkte ansprechen, die Sie noch verbessern sollten.

> **Fürchte dich nicht vor dem langsamen Vorwärtsgehen, fürchte dich nur vor dem Stehenbleiben.**
>
> *Chinesische Weisheit*

9.5 Ausblick

Nach meinen Erfahrungen werden Sie sich um so häufiger auf Mitarbeitergespräche einlassen, je sicherer Sie durch Ihre Trainingserfolge bei der Gesprächsführung werden.

Für Ihr Trainingsvorhaben wünsche Ich Ihnen die erhofften Erfolge verbunden mit einer Steigerung Ihres Ansehens bei Ihren Mitarbeitern und Vorgesetzten.

Anhang

Fragebogen zur Ermittlung des individuellen Lernbedarfs			
Kapitel 3	Was gelingt mir bereits gut?	Was möchte ich noch verbessern?	Was möchte ich noch lernen?
Gespräch eröffnen (Kap. 3.1.1)			
Persönlichen Kontakt herstellen			
Sachlichen Kontakt herstellen			
Informationen geben (Kap. 3.2)			
Verständlichmacher: Einfachheit			
Verständlichmacher: Gliederung			
Verständlichmacher: Kürze			
Verständlichmacher: Stimulanz			
Informationsaufnahme erleichtern: Allgemein			
Informationsaufnahme erleichtern: Speziell			
Vergewissern, ob Information so ...			
Informationen empfangen (Kap. 3.3)			
Zuhören und es zeigen: in direkter Form			
Zuhören und es zeigen: in indirekter Form			
Mitarbeitergespräch lenken (Kap. 3.4)			
Situationsgerecht lenken			
Auf das Ziel lenken			
Beteiligung des Mitarbeiters fördern			
Wertschätzung zeigen			
Mitarbeitergespräch beenden (Kap. 3.5)			

Fragebogen zur Ermittlung des individuellen Lernbedarfs			
Kapitel 4	Was gelingt mir bereits gut?	Was möchte ich noch verbessern?	Was möchte ich noch lernen?
Mitarbeiter überzeugen (Kap. 4.4.1)			
Vorbereiten der Überzeugungsarbeit			
Überzeugen durch Persönlichkeit			
Überzeugen mit speziellen Techniken			
– Mitarbeiterorientierte Empfehlungen			
– Aufgabenorientierte Empfehlungen			
– Empfehlungen zum Sichern der Zustimmung			
Fragen und Einwände behandeln			
Fragetechnik (Kap. 4.2)			
Informationsbegleitung und Aufmerksamkeitswecker (Kap. 4.3)			
Informationen visualisieren (Kap. 4.4)			
Ich-Botschaften (Kap. 4.5)			
Aktives Zuhören (Kap. 4.6)			

Fragebogen zur Ermittlung des individuellen Lernbedarfs

Kapitel 5	Was gelingt mir bereits gut?	Was möchte ich noch verbessern?	Was möchte ich noch lernen?
Steuern des Betriebsablaufs (Kap. 5.1)			
Mitteilen von Kontrollergebnissen (Kap. 5.2)			
Leistung entspricht dem Soll			
Leistung überschreitet das Soll			
Leistung unterschreitet das Soll			
Kontakt- und Beziehungspflege (Kap. 5.3)			
Allgemeine Empfehlungen			
Empfehlungen für die Gespächsführung			

Kapitel 6	Was gelingt mir bereits gut?	Was möchte ich noch verbessern?	Was möchte ich noch lernen?
Gesprächsphasenkonzepte beachten (Kap. 6.2)			
Auftrag erteilen (Kap. 6.2.1)			
Probleme lösen (Kap. 6.2.2)			
Mitarbeiter einweisen (Kap. 6.2.3)			
Anerkennung aussprechen (Kap. 6.2.4)			
Kritik aussprechen (Kap. 6.2.5)			
Beurteilung durchsprechen (Kap. 6.2.6)			

Fragebogen zur Ermittlung des individuellen Lernbedarfs			
Kapitel 7	Was gelingt mir bereits gut?	Was möchte ich noch verbessern?	Was möchte ich noch lernen?
Allgemeine Gesprächsvorbereitung (Kap. 7.1.1)			
Ziel festlegen			
Auf den Mitarbeiter einstimmen			
Gesprächsgegenstand analysieren			
Günstige Rahmenbedingungen sichern			
Spezielle Gesprächsvorbereitung (Kap. 7.1.2)			
Gesprächsplan für kleine Mitarbeitergespräche			
Gesprächsplan für große Mitarbeitergespräche			

Kapitel 8	Was gelingt mir bereits gut?	Was möchte ich noch verbessern?	Was möchte ich noch lernen?
Kommunikationsmodell (Kap. 8.2.1)			
Beziehungsaspekt beachten			
Apellaspekt beachten			

Literaturhinweise (kommentiert)

Allhoff, Dieter W. und Waltraud: Rhetorik & Kommunikation. Regensburg 1990

Es ist leicht verständlich geschrieben und aus meiner Sicht hervorragend geeignet, die Inhalte dieses Arbeitsbuches zu vertiefen, zumal der didaktische und pädagogische Ansatz gut mit dem vorliegenden Buch harmoniert.

Altmann, Hans Christian: Motivation der Mitarbeiter.
Methoden, Konzepte, Erfolgsbeispiele. Frankfurt. 3. Auflage 1990

Liefert eine Fülle praxisnaher Antworten auf die Frage: Wie können Mitarbeiter motiviert werden? und belegt sie mit vielen praktischen Erfahrungen unterschiedlicher Unternehmen.

Crisand, Ekkehard; Kiepe, Klaus: Das Gespräch in der betrieblichen Praxis.
Arbeitshefte Führungspsychologie. Band 18. Heidelberg 1991

Enthält eine Auswahl von Kommunikationstechniken, die den Inhalt des Arbeitsbuches entweder ergänzen oder vertiefen. Es ist verständlich geschrieben und enthält viele Lernhilfen.

Fensterheim, Herbert; Baer, Jean: Sag nicht Ja, wenn Du Nein sagen willst.
Goldmann Sachbuch. Band 11 297

Bietet viele griffige und leicht umsetzbare Empfehlungen zur Entwicklung der eigenen Persönlichkeit, für die Zusammenarbeit und das Zusammenleben mit anderen.

Fisher, Roger; Ury, William L.: Das Harvard-Konzept. Sachgerecht verhandeln,
erfolgreich verhandeln. Campus Verlag. Frankfurt, New York. 10. Auflage 1991

Dieses Buch ist außergewöhnlich hilfreich für die erfolgreiche Gestaltung von Verhandlungssituationen. Da in zahlreichen Mitarbeitergesprächen Situationen entstehen, die Verhandlungs-Charakter haben, können Vorgesetzte diesem Buch eine Reihe wertvoller Anregungen für ihre Überzeugungsarbeit entnehmen.

Lay, Rupert: Dialektik für Manager. Methoden des erfolgreichen Angriffs und der Abwehr. Langen/Müller. München. 13. Auflage 1987

Enthält viele umsetzbare Empfehlungen für unterschiedliche Kommunikationssituationen trotz vorwiegend philosophischer und dialektischer Sicht.

Saul, Siegmar: Das Gespräch als Führungsinstrument. Besprechungen, Mitarbeitergespräche, Vorträge. Dr. Curt Haefner Verlag GmbH. Heidelberg. 3. überarbeitete Auflage 1991

Liefert ein großes Angebot an Empfehlungen, Hinweisen und Tips für unterschiedliche Kommunikations-Situationen im betrieblichen Alltag.

Scheerer, Harald: Erfolgreich führen durch Überzeugen. Die neue Generation der Führungspraxis. Ullstein Sachbuch Nr. 34 731. Frankfurt 1991

Der Autor beschreibt ein sehr mitarbeiterorientiertes Gesprächsverhalten. Viele Beispiele erleichtern das Lesen und Verstehen des Inhalts. Dieses Buch kann Ihnen helfen, den Aspekt der Mitarbeiterorientierung im Gespräch sicherer und variabler zu nutzen.

Schulz von Thun, Friedemann: Miteinander reden. Störungen und Klärungen. rororo-sachbuch 7489. Reinbek bei Hamburg 1981

Stellt Grundlagen und Techniken der zwischenmenschlichen Kommunikation leicht verständlich dar. Da viele Inhalte des Buches mit unserem Thema sehr stark harmonieren, empfehle ich es als weiterführende Literatur. Dieses Buch sollte Ihren Bücherschrank auf jeden Fall zieren: Es ist gleichermaßen für den beruflichen und den privaten Bereich geeignet.

Schwäbisch, Lutz; Siems, Martin: Anleitung zum sozialen Lernen für Paare, Gruppen und Erzieher. Kommunikations- und Verhaltenstraining. rororo-sachbuch 6846. Reinbek bei Hamburg

Enthält Hintergrundwissen zu unserem Thema und praktische Empfehlungen für Zusammenarbeit und Zusammenleben mit anderen.

Schwertfeger, Bärbel: Die Macht ohne Worte. Wie wir mit dem Körper sprechen. Heyne PSYCHO Nr. 14. München 1988

Stellt den neuesten Stand der Forschungen im Bereich der nichtsprachlichen Kommunikation leicht verständlich dar. Es ist »seriös« geschrieben, es gibt jedoch vergleichsweise wenig Hilfen für einen gezielten Einsatz von nichtsprachlichen Signalen. Das wiederum entspricht den neuesten Erkenntnissen.

Thiele, Albert: Die Kunst zu überzeugen. Faire und unfaire Dialektik.
VDI Verlag. Düsseldorf. 2. Auflage 1990

Daß dieses Buch von einem erfahrenen Kommunikationstrainer geschrieben wurde, ist nicht zu übersehen. Es liefert Ihnen viele Empfehlungen und Tips für spezielle Gesprächssituationen. Besonders ausführlich ist das Thema »Überzeugen« dargestellt.

Vester, Frederic: Denken, Lernen, Vergessen. Was geht in unserem Kopf vor, wie lernt das Gehirn, und wann läßt es uns im Stich? dtv Taschenbuch. Band 30003. München

Dieser »Bestseller« ist populärwissenschaftlich geschrieben. Der Autor erläutert, was in unserem Gehirn passiert, wenn wir Informationen aufnehmen und speichern. Der Autor gibt viele Antworten auf die Fragen: »Was kann ich tun, damit ich die wesentlichen Informationen behalte?« und »Was kann ich tun, um meinem Gesprächspartner das Aufnehmen und Behalten meiner Informationen zu erleichtern?«

Stichwortverzeichnis

W BELTZ WEITERBILDUNG

Beltz Verlag, Postfach 100154, 69441 Weinheim

Seminar

In der Reihe Seminar werden Themen aufgefächert und in mehreren Bänden behandelt, die als »Seminareinheiten« bezeichnet werden. Der erste Band liefert die theoretische Grundlage für die fünf weiteren Bände, die ihrerseits sehr praxisnah gestaltet sind.

Hermann Will (Hrsg.)
Mit den Augen lernen
Medien in der Aus- und Weiterbildung.
6 Seminareinheiten im Schuber.
DM 148,– / S 1.155,– / SFr 147,–
ISBN 3-407-36000-2

Die Seminareinheiten sind auch einzeln erhältlich. Ab 10 Ex. eines Titels
DM 22,– / S 172,– / SFr 22,60

Seminareinheit 1
Bernd Weidenmann
Lernen mit Bildmedien
Psychologische und didaktische Grundlagen
112 S. Br. DM 28,– / S 219,– / SFr 28,40
ISBN 3-407-36001-0

Seminareinheit 2
Steffen-Peter Ballstaedt
Lerntexte und Teilnehmerunterlagen
133 S. Br. DM 28,– / S 219,– / SFr 28,40
ISBN 3-407-36002-9

Seminareinheit 3
Traute Langner-Geißler/Ulrich Lipp
Pinwand, Flipchart und Tafel
108 S. Br. DM 28,– / S 219,– / SFr 28,40
ISBN 3-407-36003-7

Seminareinheit 4
HermannWill
Arbeitsprojektor und Folien
96 S. Br. DM 28,– / S 219,– / SFr 28,40
ISBN 3-407-36004-5

Seminareinheit 5
Rainer Kittelberger/Immo Freisleben
Lernen mit Video und Film
152 S. Br. DM 28,– / S 219,– / SFr 28,40
ISBN 3-407-36005-3

Seminareinheit 6
Claus E. Bäumler
Lernen mit dem Computer
112 S. Br. DM 28,– / S 219,– / SFr 28,40
ISBN 3-407-36006-1

Wolfgang Wittwer (Hrsg.)
Ausbildung gestalten
Situationsorientiertes Ausbilden im Betrieb.
6 Seminareinheiten im Schuber.
DM 148,– / S 1.155,– / SFr 147,–
ISBN 3-407-36007-X

Die Seminareinheiten sind auch einzeln erhältlich. Ab 10 Ex. eines Titels
DM 22,– / S 172,– / SFr 22,60.

Seminareinheit 1
Wolfgang Wittwer
Berufliche Bildung im Wandel
Konsequenzen für die betriebliche Ausbildung
120 S. Br. DM 28,– / S 219,– / SFr 28,40
ISBN 3-407-36008-8

Seminareinheit 2
Wolfgang Wittwer
Die neuen Auszubildenden kommen
Wie der Beginn der Ausbildung sinnvoll bewältigt werden kann
120 S. Br. DM 28,– / S 219,– / SFr 28,40
ISBN 3-407-36009-6

Seminareinheit 3
Christine Arbogast
Die Auszubildenden beraten
Gesprächsführung mit Jugendlichen
108 S. Br. DM 28,– / S 219,– / SFr 28,40
ISBN 3-407-36010-X

Seminareinheit 4
Hermann G. Ebner
Berufsfindung und Ausbildung
Ausbilder unterstützen die berufliche Entwicklung
96 S. Br. DM 28,– / S 219,– / SFr 28,40
ISBN 3-407-36011-8

Seminareinheit 5
Christine Arbogast/
Gerlinde Seidenspinner
Mädchen ausbilden im gewerblich-technischen Bereich
Informationen, Anregungen, Forderungen
120 S. Br. DM 28,– / S 219,– / SFr 28,40
ISBN 3-407-36012-6

Seminareinheit 6
Rainer Haase
Jugendliche mit Lernschwächen
Wie können Ausbilder im Betrieb Lernhilfen geben
120 S. Br. DM 28,– / S 219,– / SFr 28,40
ISBN 3-407-36013-4

W BELTZ WEITERBILDUNG

Beltz Verlag, Postfach 100154, 69441 Weinheim

Training

In dieser Reihe werden in Einzelbänden Themenkomplexe ausführlich behandelt, die nicht nur Bildungsprofis ansprechen. Auch zum Selbststudium sind die Trainingsbücher bestens geeignet.

Karlheinz A. Geißler
Schlußsituationen
Die Suche nach dem guten Ende
156 S. Br. DM 42,– / S 328,– / SFr 42,–
ISBN 3-407-36304-4
Eine Gruppe trennt sich, die Teilnehmer nehmen Abschied und für die gelernten Inhalte müssen Übergänge geschaffen werden. Dieses Buch gibt Hinweise zur Gestaltung von Übergängen und Schlußsituationen in Kursen und Seminaren.

Martin Hartmann/Rüdiger Funk/
Horst Nietmann
Präsentieren
Präsentationen: Zielgerichtet und adressatenorientiert
189 S. Br. DM 38,– / S 297,– / SFr 38,10
ISBN 3-407-36302-8
Der Leser wird schrittweise durch die einzelnen Phasen der Vorbereitung und Durchführung von Präsentationen geführt. Auch die Gestaltung einer anschließenden Diskussion sowie Visualisierungen und der Einsatz von Medien werden berücksichtigt.

Birgit B. Lehner
Selbstsicher werden
Hemmungen überwinden –
Mut zur aktiven Lebensgestaltung
154 S. Br. DM 38,– / S 297,– / SFr 38,10
ISBN 3-407-36305-2
Die eigene Meinung vertreten, Wünsche und Gefühle äußern, sich durchsetzen – wer möchte dies nicht können? Dieses Buch zeigt, wie Selbstbewußsein aufgebaut werden kann. Viele Übungen helfen, alte Denkmuster zu verarbeiten und neues Verhalten zu entwickeln.

Birgit B. Lehner
Selbstsicher handeln
Erfolgreich in Beruf und Alltag
166 S. Br. DM 38,– / S 297,– / SFr 38,10
ISBN 3-407-36308-7
Nein heißt nein – und danach handeln, dies kann gelernt werden. Das Buch zeigt, wie Fähigkeiten zur selbstbewußten Kommunikation entwickelt werden können und auf dieser Basis Probleme im Beruf und Privatleben souverän gemeistert werden.

Jörg Knoll
Kurs- und Seminarmethoden
Ein Trainingsbuch zur Gestaltung von Kursen und Seminaren, Arbeits- und Gesprächskreisen
202 S. Br. DM 38,– / S 297,– / SFr 38,10
ISBN 3-407-36301-X
Die unterschiedlichsten Kurs- und Seminarmethoden für Veranstaltungen im Bereich von Weiterbildung und Erwachsenenbildung sind in diesem Buch zusammengestellt.

Regula Schräder-Naef
Lerntraining für Erwachsene
»Es lernt der Mensch, so lang er lebt«
204 S. Br. DM 38,– / S 297,– / SFr 38,10
ISBN 3-407-36300-1
Dieses Buch richtet sich an alle Erwachsenen, die erneut vor Lernanforderungen gestellt werden.

Fachbuch

In der Reihe Fachbuch wird das notwendige Hintergrundwissen vertieft. Praktische Erfahrungen und wissenschaftliche Erkenntnisse werden gekonnt verknüpft.

Kurt R. Müller (Hrsg.)
Kurs- und Seminargestaltung
Ein Handbuch für Mitarbeiter/-innen im Bereich von Training und Kursleitung
290 S. Br. DM 39,80 S 311,– / SFr 39,80
ISBN 3-407-36601-9
Dieses Handbuch greift konkrete Probleme der Erwachsenenbildung auf. Behandelt werden Themen wie z.B. Lernverweigerung, Dozentenängste, Autoritätskonflikte, schwierige Teilnehmer, Motivationen, Anfangs- und Schlußsituationen